# 燐《りん》が燃えたまちヒロシマ

——被爆六〇周年によせて——

佐藤光雄　著
阿部芳郎　編

世界で最初に投下された原子爆弾のきのこ雲＝1945年8月6日
（近現代フォトライブラリー提供）

# 目次

〈凡例〉文中、各国を訪問した際のリポートでは、肩書き、人口、円との交換率など数字は、当時のままにしました。また、新聞・雑誌等で過去に掲載されたエッセーについては、若干の加筆・修正をしました。

# プロローグ

終戦から七年が経った一九五二年秋、中学二年二学期の午後の授業中、にわかに土砂降りの雨が襲い、校庭の地面を激しくたたきました。あたりが一面に暗くなったころ、地表から一メートルほどの高さに、青白い光がいく筋もいく筋も上りました。級友たちはみな教室の窓から茫然とその光景を眺めながら話し合っていました。「あれがヒトダマというもんじゃろう……」。

校庭は、旧軍隊の射的場跡で、原爆が投下された後、数多くの被爆死した犠牲者が葬られた場所でした。青白い光はリン（燐）が燃えたのでした。そして、中学在学中にも何人かの級友が「原爆症」で突然死んでいきました。

# 第1章　疎開先で見た「きのこ雲」

B29の爆撃で無数のクレーターが見える山口県岩国駅一帯
＝1945年8月14日（近現代フォトライブラリー提供）

一九四五年八月六日午前八時一五分、テニアン島を飛び立った米軍の爆撃機B29が、広島の上空約九六〇〇メートルから、世界で最初の原子爆弾を投下しました。戦時中とあって、夏休みもなく登校し、授業を受けていた私は、その瞬間、西南の方角にフラッシュのような光が走ったことに気づきました。しばらくしてきのこ雲がもくもくとわき上がってきました。先生、級友たちも、教室の窓からそれをじっと見ていました。

それが原爆であったことを知るのは、ずっと後のことです。ただ、その翌日から、白い包帯でぐるぐる巻きにされた犠牲者が、大八車に乗せられて村に運ばれてくる様子から、激しい爆撃が広島を襲ったことだけは、国民学校二年の私にも想像できました。

その年の四月まで広島市内にいた私は、日に日に激しくなる米軍の空襲から逃れるため、広島市内から、四〇キロ離れた高田郡横田村（現在の美土里町）に疎開していました。当時八歳だった私は、父母とも早く死別して、祖母に養育されており、身内は、姉兄のほか叔父、叔母、いとこたちで、そのうち一三人が原爆の犠牲になり、七人の遺骨はいまだに見つかっていません。

二〇〇五年は、広島、長崎に原子爆弾が落とされて六〇周年に当たります。私は、原水爆禁止世界大会に一九五五年に始まった第一回以来、一度も欠かさず参加してきました。被爆者救援、世界から核兵器をなくすことを目的としたこの運動に携わってきた原点はなにか、と問われれば、一も二もなくこの体験に発している、と答えるでしょう。

私が生まれた一九三七年には、日独伊防共協定が調印され、翌年には「国家総動員法」が公布されました。四〇年には「大政翼賛会」が結成され、四一年の東条英機内閣成立、一二月八日の太平洋戦争の開戦と日本は暗い時代へと続いていきました。

一九四四年、国民学校に入学した私は、子供会に組織され、冬の夜ともなれば、連れ立って拍子木をかちかちと鳴らし、「撃ちてしやまん、火の用心」と叫びながら町を歩いたものでした。

## 防空壕の中から

終戦の年に当たる一九四五年になると、米軍の空襲は一段と激しさを増し、三月一九日の夜には、呉市が大空襲を受け、焼夷弾《しょういだん》で燃えさかる炎で赤く染まった夜空を防空壕《ごう》の中に身をひそめ、じっと見ていました。私をとりあげてくれた助産婦の丸木スマさんと一緒でした。スマさんは、原爆の絵で有名な丸木位里、赤松俊子さんの母です。戦後、七〇歳を過ぎて絵を描き始め、毎年、日展に入選していました。

スマさんの家と私の生家は隣り合わせで、庭を共有する家族のような関係にあり、防空壕にも一緒に避難していたのでした。時折、反撃の高射砲と思われる火の玉が打ち上げられるのですが、B29爆撃機の飛ぶ上空には届いておらず、それも空しく思えました。戦時中から軍港だった呉では、軍艦が造船され、三〇〇〇人余の兵士を乗せたまま太平洋上で撃沈された戦艦「大和」はこの軍港で建造されたもので、米軍の空襲は軍港をたたくのが目的でした。

やがて、広島市内にも空襲警報のサイレンが鳴り響くようになりました。広島市はもともと軍都で、日清戦争（一八九四―九五年）時、明治天皇が「大本営」（注）を設置し、日露戦争（一九〇四―〇五年）の作戦はそこで練られ、臨時帝国議会も開かれました。

宇品港から多数の若者が、侵略戦争のための兵士として送られていきました。アジア太平洋地域の人びとからみれば、広島は侵略のための基地でした。そうしたこともあって、広島は米軍の標的とされたのでした。各地の空襲では、焼夷弾が落とされ、都市が焼き払われました。しかし、広島は、京都、奈良とともに焼夷弾は投下されませんでした。米軍は、原爆を落とすための目標として、広島を後日までわざと残しておいたのでした。

大本営　戦時中設置された天皇直属の最高機関。第二次大戦中の一九三四年七月、最高戦争指導会議と改称された。

## 目の前で少女が

一九四五年三月のある日、大芝国民学校から帰る途中、市の西部にある三滝山の方角から、米軍の艦載機が爆音を響かせて急降下してくるのを目撃しました。二人乗りの艦載機で、操縦している米兵の風防グラスをかけた顔がはっきり確認できるほどの距離でした。そして、バリバリという機銃掃射の音とともに、私の数メートル先を歩いていた六年生の女子生徒がその犠牲になりました。戦後、イタリア映画「禁じられた遊び」を観たとき、思わずその光景が脳裏に浮かんできました。

## ポツダム宣言の受諾

広島、長崎に原爆が投下される前、日本はすでに敗色濃厚でした。戦力はいうまでもなく、戦う気力、意思もほとんど失っていました。広島に原爆が投下される一〇日前、一九四五年七月二六日、連合国がドイツのポツダムで会議を開き、日本の無条件降伏と、日本の民主化、非軍事化を要求した「ポツダム宣言」を発表しました。

ここでは、領土不拡大の原則を守ること、軍隊の完全な武装解除と家庭への復帰、戦争犯罪人の処罰、反民主主義勢力の復活禁止、基本的人権の尊重、軍事産業の禁止と平和産業の許容などをうたっていました。そのうえで、これらの目的が達成されたあかつきには、占領軍は撤退することになっていました。

これを受けて日本は、無条件降伏する準備をし、外交も展開中でした。最終的には、天皇を最高責任者にした御前会議で戦争続行か降伏か判断されますが、ポツダム宣言受諾は八月一四日で、七月中に降伏を決断していれば、広島・長崎の悲劇は回避できたのでした。

## 遺体を原爆調査委が

終戦の翌々年、一九四七年に疎開先から広島市内に戻り、生き残った八歳上の姉と二人で暮らしながら、市立千田小学校に通学していました。その姉もある日突然、私の目の前で息を引き取りました。体中に紫色の斑点が現れていました。原爆症でした。しかし、当時はまだ、放射能の影響がこのように現れることを多くの人は知りませんでした。

私が姉の死亡届を役所に提出し、埋葬許可証を受け取った数時間後のことでした。ＡＢ

CC（原爆傷害調査委員会）の職員が来て、姉の死体を買い取りたいというのです。私は断固拒否しました。同委員会には小中学校時代に嫌な思い出があったからです。

九月のある日の授業中のことでした。四年生の同じクラスの男女が、迎えに来た立派な乗用車に乗せられ、数時間帰ってきません。そして帰ってきた女の子が目を真っ赤に泣き腫らしてこう語りました。

「私たち、『お山』（ABCCがあった比治山のこと）に連れて行かれ、何枚もレントゲン写真を撮られた。恥ずかしいところも写真に撮られたんよ」

クラスの半数以上が「ピカドン」の体験者であり、ABCCに連れて行かれるのは

私、父、姉、兄の４人＝1940年

Column

## 食用ガエル

「飽食の時代」という言葉に接するたびに、敗戦直後の「空腹の時代」に、それを満たしてくれた外国映画の場面が思い出される。

原爆投下から二年後、私が一〇歳の時だ。疎開先から広島に帰って来て、祖母と二人で東練兵場跡（東区若草町）に住んでいた。

米の代わりに、虫のわいている黒砂糖がバケツで配給されていた。

広島駅付近には、私と同い年くらいの原爆孤児たちが、たばこをくわえ、靴みがきで生計をたて、時にはかっぱらいもやり、たくましく生きていた。

このあたりは、季節ともなると、独得の鳴き声をする食用ガエルの絶好のすみかであった。大人に教えられ、捕獲して食べることを覚えた。次には、岩国の米軍基地に売りに行けば、法外な収入になることを教わった。私はカエルを竹かごに入れ、汽車に乗り、岩国もうでを繰り返した。私には三匹のカエルがとても重く感じられた。途中、竹かごをのぞくと、うらめしそうに私を見つめていた。一回で三〇円くらいにはなった。

この収入は、当時一個九円のアンパンや焼き芋に交換できたし、そのころから、大好きになった映画の入場料にもなった。封切館は一七円五〇銭、市内の電車賃は一円であった。戦前の外国映画専門館「ピーター館」（現在の荒神陸橋下）では、たったの二円九九銭であった。

「望郷」「巴里の屋根の下」「カルメン」などを見た。上映中、何度もフィルムが切れ、画面は雨が降り、字幕は戦前の漢字で、小学生の私には難解ではあったが、中でも「ノートルダムのせむし男」では、チャールス・ロートンふんするせむし男が、モーリン・オハラのエスメラルダにひそかに思いを寄せたあやしい雰囲気の場面が、今でもまぶたに焼きついている。いい映画を見たい、みたいと思っている昨今である。

（一九八三・三・二二付「中国新聞」のコラム「でるた」から）

被爆者ばかりでした。当時は米軍の占領下でしたから、彼らの命令を拒否すれば憲兵隊に捕まえられる、といわれており、おとなも子どもも断る人は誰一人いませんでした。ＡＢＣＣでは採血され、仮に病気が発見されても、投薬もされず、たった一個のあめ玉が渡されただけでした。

私たち、広島の原爆を体験したものが、原爆のことを「ピカドン」と呼ぶのには、理由があります。当時の大本営陸軍報道部が、「原爆投下」と報道することを断固として許さなかったからでした。「ニューヨークタイムズ」は八月七日付で、「原爆第一弾広島に投下」と報道していたにもかかわらず、報道管制によって、「新型爆弾」としか知ら

原爆の投下で焼け野原となった広島市内＝1945年8月
（近現代フォトライブラリー提供）

されなかったからでした。広島・長崎に投下された新型爆弾が、原爆であることを、日本人として初めて確認したのは、物理学者の仁科芳雄博士でした。

占領軍総司令部（ＧＨＱ）もまた、広島・長崎の壊滅が、原爆によることが明るみに出ることを極力隠すため、厳しい検閲を行ったことが明らかになっています。

# 第2章　突然死する級友たち

小中学生時代の昭和二〇年代には、数日前まで楽しく遊び、学んだ級友が突然死んでいきました。その後、死体は買い取られ、臓器を切り裂かれ、ホルマリン漬けにされました。ABCCは、表向き米学士院と厚生省共同の放射線の影響調査機関ですが、実は、米国防省の機関であり、彼らは次の核戦争に備え、研究材料として、病理標本を作っていたのでした。そして四五〇〇体以上が、今もアメリカで保存されていることを、私は後々になって知りました。彼らは、このようにして放射能が何世代にわたり遺伝子に影響を与えることも研究し尽くしていたのでした。

教会の残骸がある場所に草が生えだした広島市内=1946年8月3日
（近現代フォトライブラリー提供）

冒頭に紹介した燐が燃える光景については、脚本家の早坂暁氏も随所で書いています。

「しとしとと、むし暑い雨が降っていた。

『ほんとうだ。広島はなくなっている……』

十五歳の少年たちは、プラットホームに立ちつくして、呆然と広島の街のあった空間を眺めていた。

と、暗い火のようなものが、廃墟の中に見えた。」（「雨の日が好き」から）

早坂氏は、何十、何百、何千と荒野を埋め尽くした「火」を目の当たりにして、「ふと人間が終末を迎えるときは、こんな光景だろうかと震えていた」と描いています。

早坂氏は、終戦を海軍兵学校で迎え、原爆投下から一七日後に入市しています。

「誰も声を発しない。

『なんだ、これは……』

やっと嗄れた声があった。

『燐だ。死体の燐だ』

誰かがやっと応じている」（「ピカドン」から）

作家の松谷みよ子さんは、民話を収集する中で、原爆体験者や、元兵士からの話として「青い火」のことを紹介しています。

「ここに長い時間をかけ、もと兵士からの聞き書きをもとに生まれた『青い火』という作品がある。長いため、ごく短くしてもらったものを、作者の小沢清子さんから頂戴した。この話に登場する青い火は、原爆投下後、広島じゅうに燃えた鬼火と同じで、死者のからだから発する燐が燃える青い火なのである。つまり事実なのだ。しかし、その青い火は、その話を聞く私どもの胸に死者の魂として呼びかけてくる」

早坂氏が「青い火」を見たのは、原爆投下からまだ二週間余りしか経っていない時期ですが、私が見たのはすでに七年を経ていました。私たちが走り回っていたグラウンドは、今でも、そのままですから、おそらく遺体は掘り出されることなく、眠ったままなのでしょう。

## 祖母の遺体を荼毘に

戦前、戦後私は、主に祖母の手で育てられました。その祖母も、私が中学二年（一九五一年）のときに亡くなりました。当時は、お坊さんを呼んでお経を上げてもらうこともできないほど貧乏でした。やむなく、近所の人にお願いして、板切れで粗末な棺《ひつぎ》をこしらえてもらい、自分と別に暮らしていた五歳上の兄と一緒に荼毘《だび》に付しました。祖母の遺体をわらでぐるぐる巻きにして火をつけ、完全に焼けて灰なるころには、東の空が白んでいたのをいまでもはっきりと覚えています。広島、長崎の原爆や空襲で家族を失い、生き残った人はみな、多かれ少なかれこうした体験をしてきました。

## 国連憲章と憲法

それより前、戦後の新憲法は、私が小学生時代の一九四六年一一月三日公布され、翌四七年五月三日から施行されました。その内容・精神は、四五年にサンフランシスコ会議で採択され、一〇月に発効した国連憲章を受け継いでいます。その中で、「国際の平和及び安全を維持すること」、「人民の同権及び自決の原則の尊重に基礎をおく諸国間の友好関係」、「紛争の平和的解決」、「武力による威嚇又は武力の行使」を禁じることを明記しています。これが、日本国憲法前文の「政府の行為によって再び戦争の惨禍が起ることのないやうにする」ことをはじめ、「恒久の平和」「平和の維持」「平和のうちに生存する権利」という形で生かされています。

とくに第九条では、「国権の発動たる戦争と、武力による威嚇又は武力の行使は、国際紛争を解決する手段としては、永久にこれを放棄する」、「陸海空軍その他の戦力は、これを保持しない。国の交戦権は、これを認めない」と明示されました。

占領軍総司令部（ＧＨＱ）による日本の民主化は、たちまち反故にされ、民主主義の抑圧、労働運動への弾圧へと大転換しました。その背景には、第二次大戦後の世界を有利に支配しようとするアメリカの世界戦略――一九四七年の「トールマン・ドクトリン」がありました。日本を占領したアメリカは、戦勝国であるソ連、一九四八年の朝鮮民主主義人民共和国成立、四九年、民主主義革命に勝利する中国の動向をにらんで、日本を「反共の砦《とりで》」にする計画を持っていたからです。

## 占領軍のスト中止命令

戦後の日本では、抑圧されていた多数の労働者が立ち上がり、四七年二月一日、吉田茂内閣に対し、賃金引上げなど生活危機突破の政府要求を掲げ、ゼネストを計画しました。これは官公庁の労働者を中心に民間労働組合も含む六〇〇万人に及ぶ大規模な歴史的ストライキでした。

ＧＨＱの最高司令官であるマッカーサーは、武力で脅してストライキと政治活動の禁止を命令しました。当時、全官公庁労働組合共同闘争実行委員会の伊井弥四郎議長（後に日本平和委員会会長）は、ＮＨＫラジオの放送を通じて、「一歩退却、二歩前進」という有名な言葉で、涙をのんでスト中止を指令しました。翌四八年七月には、官公労働者のストライキ権が奪われました。これは、憲法が保障する団結権、同盟罷業権を剥奪するもので、今日に至るまで続いています。

平和運動に対するＧＨＱによるさまざまな妨害も強まりました。一九四九年四月、パリとプラハで第一回平和擁護世界大会（注＝後に常設機関として世界平和評議会を設立）が開かれましたが、日本からこの大会に出席する予定だった約二〇人の代表団の出国をＧＨＱが許可しませんでした。

やむなく、同年四月二五、二六の二日間、パリに呼応して東京でも平和擁護日本大会が開かれました。当時の記録によると、この大会には、著名な文化人三〇〇人、一〇一団体の代表、一二〇〇人が出席し、八項目からなる「平和綱領」（注）を採択、後に日本平和委員会となる「日本平和を守る会」が発足しました。

「平和綱領」　（1）あくまで平和と自由をまもりましょう。（2）戦争をけしかける宣伝とファシズムに反対しましょう。（3）日本が軍事同盟に加わることに反対しましょう。（4）平和のために文化と教育をまもりましょう。（5）平和産業を発展させ、これをまもりましょう。（6）講和条約をはやめ日本の独立をまもりましょう。（7）平和を愛するすべての人は力をあわせましょう。（8）世界の平和擁護運動と手をにぎりましょう。

**世界平和評議会**　一九五〇年、ポーランドのワルシャワで開かれた第二回平和擁護世界大会で、その常設機関として設立された。初代会長は、フランスの有名な物理学者、ジョリオ・キュリー夫人。

原水爆禁止運動で長年、世界的な署名運動の柱になってきた「ストックホルム・アピール」（注）は一九五〇年三月に始まりました。核兵器の絶対禁止を全世界に向かってアピールしたものでした。その中では、原子兵器の禁止を保障する国際管理の確立、最初に原子兵器を使用する政府を戦争犯罪人として取り扱うことなどをよびかけました。署名が短期間にこれほど広がったことはなく、わずか八カ月で五億人に達しました。

主要な国は中国二億二三七五万、ビルマ三五〇万、インド六七万、ソ連一億一五五一万、東西ドイツ一九〇〇万、イギリス一二〇〇万、アメリカ三〇〇万、日本で集まった署名数は六四五万でした。

ストックホルム・アピールの4項目　（1）わたくしたちは人類にたいする威嚇と大量殺りくの兵器である原子兵器の絶対禁止を要求します。（2）わたくしたちはこの禁止を保障するための厳重な国際管理の確立を要求します。（3）わたくしたちはどんな国にたいしても最初に原子兵器を使用する政府は人類にたいして犯罪行為を犯すものであり、戦争犯罪人としてとりあつかわれるべきものと考えます。（4）わたくしたちは全世界のすべての良心ある人々にたいしこのアピールに署名されんことを訴えます。

# 第3章　強まる逆流のなかで

## レッド・パージ

しかし、時代は、どんどん「逆コース」を進んでいきました。一九四九年から五〇年にかけて「レッド・パージ」の嵐が吹き荒れ、五〇年六月の朝鮮戦争の勃発へと事態は深刻化の一途をたどりました。レッド・パージとは、官公庁や民間の大企業から、日本共産党員とその支持者を根こそぎ解雇・追放したもので、GHQの反共政策を政府、大企業が忠実に実行した結果、マスコミ関係の労働者七〇〇人以上が最初に解雇され、続いて公務員、民間企業、教職員が次々職場を追われました。最終的には、その犠牲者は四万人といわれています。

レセプションであいさつする熊倉氏（左・マイクの前）

レッド・パージはもちろん、平和運動にも大変な影響を与えました。当時、どのよう状況にあったか、元日本平和委員会代表理事、元日本原水協担当常任理事の熊倉啓安氏（故人）が書かれた「戦後日本平和運動史」では、占領下、とくに朝鮮戦争のさなかは、平和運動への圧迫が激しかったことを挙げて、次のように記しています。

「当時、原水爆禁止の署名をあつめる者はアカといわれ、その多くの活動家はレッド・パージの嵐で職場から追われていった。平和の集会は合法的な形ではひらくことができないという状態すらあった。こうした状況下で平和の運動をすすめることは、ある意味では職を賭することであり、まして平和組織に加入することは非常に勇気のいることであった」

## 「一九五〇年八月六日」

一九五〇年六月二五日、朝鮮戦争が勃発しました。この年の八月六日の出来事は、今でも忘れることができません。

前年の四九年、広島市民は、憲法九五条に定める〔特別法と住民投票〕に基づいて、「広島平和都市建設法」を成立させ、八月六日に公布されました。この憲法の条文は、一つの地方公共団体にのみ適用される特別法は、その地方公共団体の住民投票で過半数の同意を得た場合、国会で制定することができることを定めています。住民投票による法制定は、日本国憲法が制定されて以来、全国で初めての画期的なものでした。

平和記念都市となった広島の浜井信三市長（後に私たち夫婦の仲人）は、朝鮮戦争下でこそ、平和祭が必要だとして、八月六日に平和祭を広島で開催することを知らせるメッセージを世界一七九都市に送り、その準備を進めていました。ところが、これにも米占領軍の圧力がかかり、中止を余儀なくされました。

広島市公安委員会は、占領軍の命令に基づき、八月五日付で「八月五日以降、一切の集会を禁止する」決定を発し、「市民各位に訴う。平和祭に名を仮る不穏な行動に集るな」、「反占領軍的または、反日本的なものと思われる集会を禁止する」と書いたチラシを配り、市警察はそれを知らせる広報車を走らせました。こうした異常な雰囲気の中、広島市民は、原爆ドームのある市中央部に、誰から誘われるでもなく、続々と集まってきました。

八月六日の当日は一日中、警察官を満載したトラックが市内を巡回する厳戒態勢の中、原爆詩人の峠三吉らは、集まっては散る、集まっては散るという「ゲリラ的手法」を用いて、八丁堀で集会を開きました。福屋デパートの上から、集まった人々の頭上に、「断固として戦争挑発者どもと平和擁護のため闘え」と書かれたビラがひらひらと舞い降りてきました。このときの情景を峠は後に詩の中で、次のように描写しました。

一斉に見あげるデパートの
五階の窓　六階の窓から
ひらひら
ひらひら
夏雲をバックに
陰になり　陽に光り
無数のビラが舞い
あお向けた顔の上
のばした手のなか
飢えた心の底に
ゆっくりと散りこむ
（中略）
消防自動車のサイレンがはためき

二台　三台　武装警官隊のトラックがのりつける
私服警官の堵列するなかを
外国の高級車が侵入し、デパートの出入口はけわしい検問所とかわる

だがやっぱりビラが落ちる
ゆっくりと　ゆっくりと
（後略）

（「1950年の8月6日」から一部を引用）

当時、その現場に、中学一年生だった私も居合わせたのですが、後に日本平和委員会代表理事となる福山秀夫氏（故人）がいたことを私は五〇年後に知りました。福山氏は東京からこの平和祭に参加するため広島を訪れ、その夜、警察に拘束されたのでした。宿泊したのは研屋町にあった旅館でした。その思い出の地に福山氏を案内する約束をしたのですが、果たせないまま亡くなられたことが、心残りでなりません。

## 広島カープのこと

私が大のファンであるプロ野球チーム広島カープも一九五〇年に誕生しています。市民球団として根強いファン層を持つカープは当時、市民による設立カンパを基に生まれました。私が中学生のころ、市内の小中学校の門前には設立募金のための大きな樽が置かれました。

カープの冬季練習、キャンプは市内西南にある観音町の県営球場で行われ、合宿所もそこに隣接する三菱重工広島造船所所有の粗末なバラック長屋でした。五一年、私はその付近に住まいを移し、毎日、練習風景を見ていました。そのうちに選手たちとも親しくなり、一緒に合宿所の風呂に入れてもらい、時には夕食をご馳走になったりしました。当時、中二だった私は、独りで自炊の生活をしていたので、選手と夕食をともにできたことは、心温まるひと時でした。

当時の監督は石本秀一、助監督門前正人、選手では巨人から移籍してきた白石（ショート・後に監督）、坂田（キャッチャー）、武智、内藤（いずれも野手）らが活躍していました。こうした選手ともすっかり親しくなり、こっそり合宿所に泊めてもらい、目覚めると

Column

## 平和な「殺し屋」？

「平和」とは、①やすらかにやわらぐこと、②戦争がなくて世が安穏であること、と「広辞苑」にある。

囲碁の世界は、自分の陣地をいかに広げるか、そのために相手の石を囲い、あるいはもぐり込んで、敵を容赦なく殺してしまうかにある。また、自分の被害を最小限にするための戦略、戦術の知恵比べだ。およそ「平和的」といえない、「戦争の世界」である。

私も、「下手の横好き」で「親の死に目に会えない」類に入るであろう。しかし、年に四、五回程度の昨今である。

私の棋風について、身近な相手から、「碁に限っては、平和な佐藤さんでなくなる。何しろ、敵を殺さないと気がすまないのだから…」と皮肉を言われる。

おとなしくしていたら負かされるし、「取ろう取ろうは取られのもと」と十分知りつつも、女房いうところの「直情径行型」の棋風が現れるのかもしれない。

碁の愛好者は一〇〇〇万人以上いるといわれ、平和運動に熱心な人たちの中にも、大好きな人が大勢おられる。そんな人たちが「忙中閑あり」で集まって開かれた「平和囲碁まつり」に誘われて二度出場し、いずれも私が優勝した。三〇人ほどの大会だったが、「定石知らず」の無茶な碁が相手を面食らわせた結果だろう。

平和を愛する人は、そのためにこそ、相手と必死にたたかうのだ、と勝手な解釈をしている次第である。


（一九九七年一〇月一五日付「平和新聞」から）

そこからアルバイトの新聞配達に出かけたこともありました。

合宿所の隣には、三菱広島造船の労働者たちが集まる娯楽室がありました。そこでは、マージャン、囲碁・将棋などが楽しめます。カープの選手たちもそこへやってきます。私も仲間に入れてもらい、誰に教わるでもなく、見よう見まねで囲碁を覚えました。そんなわけで、私の趣味は囲碁と広島カープになったのです。カープが勝てば、夕食の味もまた格別です。

## 全面占領から半占領へ

歴史の逆流のなか、日本は一九五一年九月の日米安保条約、サンフランシスコ条約の締結へと一気に突き進んでいきました。この条約は当時の自由党内閣の吉田茂首相が全権大使として同地に赴き調印したもので、占領軍の撤退はうたったものの、「日本との協定に基づく外国軍の駐留は妨げない」（第六条）と定め、この条文に基づいて日米安保条約の締結→米軍の日本駐留を許すことになったのです。ここから、日本は、形の上では主権国家となりますが、奄美、沖縄、小笠原を米国の施政権下におくなど、実質的には全面占領から半占領に変わっただけでした。

一九五四年一二月まで続いた吉田内閣はその間、アメリカの占領政策の忠実な実行者となり、先に述べたレッド・パージ、「破壊活動防止法」(一九五二年七月)とその執行機関である公安調査庁につながる「団体等規制令」の創設、自衛隊の前身である「警察予備隊」を発足させるなど、反動的な政治を推進しました。

## 一三歳からアルバイト

私は一三歳からアルバイトをしながら生計を立てており、高校に入学してからもそれが続いていました。学校は広島市役所の隣にあり、市職員の採用試験を受け、一九五四年採用されました。当時日給一六〇円の臨時採用でしたが、なにしろうどんが一杯三〇円、ラーメンでも五五円、一部屋借りて、月に一五〇〇〇円の時代です。これなら働きながら定時制に通うことができます。

まだそのころは、労働運動に打ち込むことなど思いもよらず、将来は医師になろうと思っていました。というのも、姉や同級生たちが原爆の後遺症で無残に死んでいく姿を目前にして、その気持ちが湧き上がってきたからでした。

市職員当時も、その気持ちは変わらず勉強を続け、一九五八年春、岡山大学医学部に合格することができました。しかし、国立大学とはいえ、私には到底払える学費ではありません。担任の教師は、「せっかく合格したのだから入学しなさい。知人の開業医が卒業するまで君の面倒を見ると言っているから」と、私に養子になるよう勧めました。しかし、佐藤家を継ぐものはすでに戸籍上、私一人になっていたこともあって、その申し出を丁重に断りました。

この年は、ちょうど私が平和委員会に入った年でもありました。同年六月、日本平和大会は、「労働者階級へのアピール」を発表、たくさんの労働者が平和委員会会員となり、原水禁世界大会に二〇〇〇人以上の労働者・労働組合員が参加しましたが、私もそのうちの一人だったのです。

# 第4章　原水爆禁止運動とのかかわり

## 初の原水爆禁止世界大会で

五五年夏、歴史的な第一回原水爆禁止世界大会が開かれました。その前年の三月、アメリカがビキニ環礁で水爆実験を行い、日本のマグロ延縄漁船、第五福竜丸が「死の灰」を浴びる事件が起きました。その水爆の威力は広島型原爆の一〇〇〇倍のエネルギーを有する恐るべきもので、これが一つの契機となって、最初の原水爆禁止世界大会の開催となったのでした。

広島市職員労働組合（広島市職労）の組合員だった私は、組合役員から世界大会に行くよう勧められました。これが、私が今日まで原水爆禁止運動にかかわるきっかけです。このときの正直な気持ちを告白すると、平和運動、原水爆禁止運動に関心があったわけではありませんでした。労働組合の集会に参加すると、「日当」（動員費）――といっても一日二〇円ですが――がもらえるのが魅力だったからです。貧乏暮らしの私にとってありがたい話には違いないし、また新しいことに参加する興味もありました。

実際に参加してみると、気持ちが一変しました。集まってきた人々の多さにまず圧倒されました。それも各大陸からやってきた肌の白い人、黒い人、黄色い人……。私は、労働組合の指示で参加したのだから、報告しなければいけないと思ったのですが、何をどう報告するべきかよく分かりません。とにかく旗の数を必死になって数え、三〇〇本近く数えましたが、そのうちに数え切れなくなりました。米軍の半占領下におかれていた影響で、プラカードには「原爆」ではなく、「ピカドンは二度とごめん」と書かれたものが多かったと記憶しています。

## ビキニ環礁での水爆実験

一九五四年、日本のマグロはえ縄漁船第五福竜丸がビキニ環礁で行われた米国の水爆実験の「死の灰」を浴びた事件は、日本全土に大きな衝撃を与えました。後日判明したところによれば、ビキニ環礁での実験を、アメリカは「キャッスル作戦」と名付け、「ブラボー」と呼んだこの水爆は、マーシャル諸島における六七回に及ぶ実験の中でも、最大のものだったといわれます。

日本科学者会議のメンバーで、原水爆禁止世界大会の運営委員会代表として、ともに運動に携わってきた河井智康氏の著書「それは世界を動かした　漁船『第五福竜丸』」には、次のように描かれています。

「数千万度の火の玉がサンゴをふき上げ地面を蒸発させた。直径一六〇〇メートル、深さ六六メートルの巨大な穴があき、五〇万トンの造礁サンゴが空に舞い上がった。生石灰が生じ、それが白い粉となって地上に降りそそいだ。巨大な傷口から吹き出たビキニの白いサンゴの涙が、ビキニ環礁に、ロンゲラップ島に、そして第五福竜丸に降り注いだ」

第五福竜丸は大急ぎで日本へ向かいますが、その際、無線長だった久保山愛吉氏は、電波をいっさい発信しませんでした。もし無線を発したら、米軍に傍受され、拿捕《だほ》される恐れがあったからです。

第五福竜丸の船員は総員二三人が検査を受け、全員に脱毛、色素沈殿、皮膚炎、潰瘍《かいよう》、水ぶくれなどの症状が現れ、症状が重いケースでは、血液中の白血球、血小板、赤血球の減少が認められました。そして被曝《ひばく》から約七カ月後の九月二三日、久保山さんは亡くなりました。病理解剖の結果、肝臓、肺、腎臓から放射能が検出されました。

## 急速に広がった署名

焼津に水揚げされたマグロは全国に出荷され、日本中で大騒ぎになりました。こうした中、三月一七日に世田谷区千歳烏山平和を守る会が日本で初めて原水爆禁止を要求する街頭宣伝を行ない、東京・杉並区で始まった署名をはじめ、各地で署名運動が党派を超えて急速に広がりました。

同年八月八日、原水爆禁止署名運動全国協議会が東京で結成され、本格的な署名運動がスタートしました。署名は瞬く間に広がり、一〇月一〇〇〇万人、一二月二〇〇〇万人、翌一九五五年八月の第一回原水爆禁止世界大会までに三二三八万二四〇〇人の署名が集まりました。当時、日本の人口はまだ九〇〇〇万人弱でしたから、国民の三人に一人が署名した計算です。こうした運動の過程で五四年四月、衆参両院も原子兵器の禁止を全会一致で可決しました。

最初の原水爆禁止世界大会は、翌五五年八月六日から八日まで開かれ、一三カ国、三国際組織、五三人の海外代表、四六都道府県から五〇〇〇人以上が参加して開かれました。参加者は会場である広島公会堂に入りきれず、炎天下の平和公園広場でも行われました。当時は、広島大会の後、東京でも八月一五日の終戦記念日に大会が開かれていました。原水爆禁止日本協議会（日本原水協）は、この大会の後、九月一九日、原水爆禁止を求める恒常的な組織として結成されました。

## 最初で最後の合唱

一九五五年には原水爆禁止世界大会をはじめ、母親大会、うたごえ大会もスタートを切り、同じ年に生まれたことから「三つ子の大会」といわれました。原水爆禁止世界大会で毎回歌われる「原爆を許すまじ」(作詞・浅田石二、作曲・木下航二)にはこんなエピソードがあります。

この歌が最初に披露されたのは、一九五三年八月六日、広島市の本川小学校で開かれた平和運動全国協議会の場でした。広島合唱団の村中好穂氏指揮の下演奏され、大きな感銘を与えました。その後、五五年の第五回世界青年平和友好祭で全員合唱曲に選定され、さらには国際文化コンクール作曲部門で第二位に輝くなど、世界的に高い評価を受けました。

毎年八月六日、広島市主催の平和記念式典が行われます。五四年の式典では、広島市役所の労働組合青年婦人部数十人がこの歌を合唱しました。ところが、翌年になると、自民党の国会議員、県会議員らが、「物悲しく、反戦色が濃いから、式典にふさわしくない」として、横やりを入れたため、以来、市の式典で歌われることはなく、最初で最後の合唱となったのでした。

## ウィーン・アピール

世界平和協議会は五五年一月、「原子戦争の準備に反対する署名運動」と大規模な平和集会を開くことを呼びかけ、各国の平和委員会に書簡を送りました。この署名も七億人（日本は二〇〇〇万）集まったとされ、「ストックホルム・アピール」の五億人を上回る「ギネスブック」ものの署名数でした。

その数もさることながら、その内容は、軍事基地を核戦争準備のものであると指摘し、原水爆禁止と基地反対闘争の関連を明らかにした点で、画期的な意味を持っていました。

これは、その後の石川県内灘町の試射場反対（五三年～）、群馬県妙義山の米軍演習場接収解除（五五年）、東京都の砂川基地反対（五五～五七年）、沖縄の祖国復帰運動（五六年）へと発展していきました。私が市職労青年婦人部の役員に選ばれるのはこの時期です。

一九五七年には、石橋内閣の後を受けた岸信介内閣が誕生しました。岸は戦前、東条英機内閣の商工大臣を務め、戦後、A級戦犯容疑で巣鴨拘置所につながれますが、東京裁判では起訴されず、再び政治家として復活し、日米安保条約の「改定」や核持ち込みの密約など、今日の対米従属政治の土台を築いた一人です。若い人たちのために付け加えると、後に首相となる佐藤栄作は信介の弟、そして安倍晋太郎氏にとって義父に当たります。

日本平和大会が初めて開かれるのは、先の「ウィーン・アピール」を受けたもので、一九五八年六月一五、一六の両日、東京で行われました。大会は、「核武装阻止と民主主義擁護の行動月間」を提唱、あわせて大会の名で「全日本の労働者に対する共闘アピール」を発表しました。

一九五五年―五七年東京・立川基地がある砂川町では、在日米軍基地拡張に反対する町民が反対同盟を結成してたたかいました。この砂川闘争では、五九年三月の東京地裁一審での「伊達判決」が注目を浴びました。判決は、米軍の駐留を許容した日本政府の行為について、「政府の行為によって再び戦争の惨禍が起きないようにすることを決意した」憲法の精神にもとる疑念がある、とし、在日米軍の存在を、憲法九条で禁止されている「戦力の不保持」に該当するから、「憲法上その存在は許すべからざるもの」とのべ、安保条約第三条に基づく行政協定に伴う刑事特別法違反で起訴された労働者・学生七人に無罪を言い渡しました。

最高裁大法廷は、「東京地裁一審判決が米軍の駐留を憲法九条違反と判断したのは、司法審査権の範囲を逸脱である」として、同年一二月、東京地裁に差し戻しますが、当時、まだ、平和・労働運動にかかわったばかりの私にも、印象に残る判決でした。

## 国会取り囲んだ統一行動

日本全土を覆った日米安保条約改定反対の大闘争は、一九五八年秋ごろから始まりました。翌年三月には、安保改定阻止国民会議が結成され、政党、労働組合とともに、日本原水協、日本平和委員会が構成団体として加わり、一年半以上、二三回に及ぶ統一行動が行われました。

六〇年五月一九日、衆院安保特別委員会で自民党が単独で採決を強行し、同夜、清瀬一郎衆院議長が本会議場に五〇〇人の警官隊を導入、新安保・地位協定は、国会周

道路を埋め尽くした歴史的な安保闘争時の「フランスデモ」＝1960年

辺を取り囲む数十万の人びとの抗議を押し切って採択されました。

当時、私は二二歳で、市職労の専従中央執行委員になっていました。そして、新安保条約が自然承認される直前、六月四日に行われた国鉄労働組合など交通関係を中心に実施された「ゼネスト」では、三日午後一〇時から、翌朝午前四時まで、他の組合役員とともに、広島駅西側大踏切の線路上に座り込んで、ストライキの支援、安保改定に抗議しました。

安保闘争では、都市部で道幅いっぱいに広がったデモがしばしば行われました。私たちはこれを「フランス・デモ」と呼んでいたのですが、後にフランスを訪れた際、同国最大の労組、総同盟（CGT）で意外な話を耳にしました。CGTの幹部によると、「あのデモは、日本の労働者のみなさんから学んだのだ」というのです。どうやら、「逆輸入」だったようです。

アイゼンハワー米大統領は、六月に訪日する予定で、沖縄まで来ていましたが、訪日反対の世論を前に断念せざるをえませんでした。広島の被爆者団体協議会は、「大統領が原爆慰霊碑の前で二度と原爆を使わないと約束しなければ、訪日に反対する」との申し入れを、大統領秘書官を通じて行うことを決めて上京。しかし、その秘書官も、羽田空港からヘリコプターで脱出する醜態を演じました。

国会要請は、労働組合として何度も取り組み、代表派遣しました。まだ新幹線も開通していません。国鉄の急行「安芸」に乗って、延々二一時間もかけて上京したことが、「広島市職労三十年史」に記録されています。市職労ではまた、当時の浜井信三市長に、岸内閣の責任を問い、国会解散を求める声明を出すよう要求して会談を行いました。市長は、わざわざ、組合事務所を訪れ、次のような談話を発表しました。

「一、五月十九日の国会延長並びに安保条約改定単独採決をきっかけとして惹起された政情の混乱は真に遺憾に堪えない。二、政府はこの際政局収拾のため民主主義の原則に則り、速やかに国会を解散して改めて民意に問うよう措置することを希望する。」

## 「たたかう世界大会」へ

超党派で行われていた原水爆禁止運動にも、新たな攻撃が加えられてきました。「原水爆禁止運動に安保を持ち込むな」というのがそれでした。社会党右派、日本青年団協議会、主婦連合会なども「安保・基地問題を運動から切り離せ」と要求、日本原水協からの離脱が始まりました。それでも六〇年の原水爆禁止世界大会は、「たたかう大会」を合言葉に、安保闘争に参加した民主勢力を大結集して行われました。

第四回原水爆禁止世界大会から始まった平和行進（当時の正式名称は「核武装阻止・民主主義擁護のための平和行進」）には、当初百万人が参加したといわれますが、これが六〇年の世界大会ではさらに広がりました。広島へ向かって一三コース、約一万キロメートルを歩いた平和行進には、延べ二二〇〇万人が参加、この数字は国民四・五人に一人になる計算です。

## ケネディ・ライシャワー路線

平和運動にかかわる一九六〇年代の重要な出来事として触れておかなければならないことに、いわゆる「中ソ論争」があります。沈殿していた両国の対立が表面化したのは、六〇年代に入ってからでした。ソ連のフルシチョフ首相が、中国を「冒険主義者」と批判する一方、中国の毛沢東指導部は、ソ連を「修正主義者」とやり返しました。これが、後々まで、日本の平和・民主運動に多大な悪影響を及ぼしました。

ちょうど時期を同じくして六一年一月、米大統領に選ばれたジョン・F・ケネディは、「知日家」として有名だったライシャワーを駐日大使に任命、四月に着任した同大使は「古典的マルクス主義は敵である」と語るなど、露骨な反共主義者でした。彼は、日本の労働運動を親米的に作り変えるため、社会党、総評、中立労連など労働組合幹部や、文化人を次々アメリカに招待しました。こうした懐柔政策について、当時、「ケネディ・ライシャワー路線」と総称されました。

ライシャワーは、日本国内でさまざまな画策をしましたが、広島市内にあった「アメリカ文化情報センター」もそうした彼らの活動の拠点として設置されたものでした。「ＣＩＥ」と呼ばれていたこの場所は、今の全日空ホテルの向かい側辺りです。広島の労組幹部らは、ここへ招かれ、相ついで訪米しました。後に私は、ここがペンタゴン（米国防総省）の直轄機関だったことを知ったのですが、当時広島でクラシック音楽が聴けるのはここだけでした。そのような機関だとは全く知る由もなかった私は、よく音楽を聴きに行ったものでした。

ケネディは、ソ連がキューバに核ミサイル基地を設置したことをめぐり、六二年、核戦争も辞さないと強硬路線をとる一方、中ソ論争に付け込んで、米ソ間の「緊張緩和」策も進め、平和のポーズも示しました。彼は、六三年一月、ダラスでオープンカーに乗ってパレードをしているさなか、銃撃されて死亡しましたが、六三年に「部分的核実験停止条約」（ＰＴＢＴ）を締結したことから、彼の死について、ケネディを「平和主義の大統領」として追悼する動きが日本の民主運動のなかに強まり、その是非をめぐって大きな議論が巻き起こりました。

福岡・板付基地を取り囲んだ抗議行動＝1962年

Column

## 宗教者と私

広島市職労の専従役員になった直後、六〇年安保闘争の時のことだ。広島市南部の宇品港に近い、日本基督教団広島南部教会の牧師さんの好意により、教会で安保学習会をやり、そこを出発点に提灯デモを何度か行った。

この牧師さんは、宇品港が、戦時中、兵士が侵略戦争に駆り出されたところだったこと、軍都・広島が世界最初の原爆の標的となったことなどをよく語られた。

二〇〇三年の「三・一ビキニデー」墓前祭で、浄土真宗の僧侶による「キミョームリョー」で始まるお経を、数十年ぶりに聞くことができた。

というのは、私を一三歳まで養育してくれた祖母が毎朝、読経していたのがこのお経だった。当時、私は祖母の後ろに座して、一節を口ずさんでいたからだ。

反核・平和運動で三十数カ国を訪問したが、五大陸のどこへ行っても、宗教家のみなさんのイニシアチブの大きさを実感してきた。

（日本宗教者平和協議会機関紙「宗教と平和」二〇〇三年六月一〇付から）

# 第5章　「部分核停」をめぐる論争

## ソ連の核実験

原水爆禁止運動では、一九六一年九月一日に行った五〇メガトンという大規模な核実験が新たな論争と困難をもたらしました。東ドイツがベルリンに東西ドイツを隔てる壁を建設、軍隊を配備して交通を遮断したことをきっかけに東西両陣営に緊張が走りました。それに対抗する形で行ったのがこの核実験でした。五〇メガトンといえば広島型原爆の三五〇〇倍のエネルギーという恐るべきもので、「死の灰」は日本にも降り注ぎました。

この年に開かれた原水爆禁止世界大会は、「一方的に核実験を再開したものこそ平和の敵である」との決議を採択していたばかりでした。そこへ降ってわいたようにソ連の実験再開のニュースが飛び込んできたのでした。そのころ、ソ連、中国は核兵器全廃・全面禁止を提唱していたので、日本原水協などは、「中国やソ連の核実験はやむを得ず行ったもの」とする見地に立っていました。

とはいえ、それを機械的に運動に持ち込むことは避け、核兵器完全禁止、核戦争反対、被爆者救済など一致する緊急課題で統一してたたかうことを主張しました。今日でこそ、ソ連、中国がなぜ大国主義的な干渉を行ったか、またそのために金銭による買収工作まで行っていたことなど、詳細に解明されていますが、当時はまだ私も「アメリカに対抗する上でやむなく行った『防衛的』な実験だ」と思っていました。

運動の困難さは一気に拡大しました。原水協の加盟団体だった総評は「いかなる国の核実験にも反対」というスローガンを掲げるべきだと強硬に主張し、議論は激しく対立しました。しかし、日本を核基地にしてはならないという運動はその後、福岡・板付基地一〇万人包囲行動や、日本平和委員会の呼びかけによる東京での「10・21横田基地一一万人包囲」など、全国二三主要基地周辺で計一〇〇万人の大行動へと結実しました。

板付基地包囲行動は、水爆搭載可能なF105サンダーチーフ戦闘機七五機を沖縄から福岡の同基地に配備することを米軍が明らかにしたため、これに反対する全国的な行動として取り組まれたものでした。なお、板付基地は大部分が返還され、現在では福岡空港として使用されています。

## 部分核停をめぐって

一九六三年の第九回原水爆禁止世界大会は「部分的核実験停止条約」（ＰＴＢＴ）をめぐって、国際的な論争の舞台となりました。同年八月、ソ連は米英両国とＰＴＢＴに調印

（一〇月一〇日発効）し、その支持を大会に押し付け、他方、中国は反対を求めました。

ＰＴＢＴは、大気圏、宇宙空間での実験は禁じていますが、地下でのそれを禁止していません。しかも、肝心の生産、貯蔵、使用には手をつけない「抜け穴だらけ」の条約です。「死の灰」は降らないものの、逆に核実験の一部合法化と核軍拡競争を助長する意味があります。

私たちは、そのような批判を行いつつも、条約に賛否の態度を大会で決めるのではなく、「一致点での共同」を強く主張しました。そうした議論の末、「異なる意見の保留」、「一致点での共同」という原則が打ち立てられました。それは、①各国の自主性の尊重、②互いの運動に干渉しない、③妨害する勢力の排除――でした。今日の運動にも受け継がれているこの原則は、激しく対立した中ソの代表を含め確認され、「国際共同行動のアピール」（注）が採択されました。

それでも、それを不満とする社会党・総評は、ついに六三年八月五日、世界大会を途中でボイコットし、原水協から脱退していきました。このときすでに右派労組などは「核禁会議」（核兵器禁止平和建設会議＝松下正寿議長）を結成していました。

社会党・総評が脱退した当時の運動は、なにかにつけて最も大変な時期でした。彼らは、脱退するに際して、予約してあった世界大会会場を全部キャンセルしてしまったのです。そのため、私たちはやむなく、平和公園など屋外の炎天下で大会、分科会などを開催しなければなりませんでした。

市職労の中で、日本原水協の立場を支持している執行部は、一七人中わずかに私を含め三人でした。執行部の多数派は、市職労の肩書きで大会に出たら組合から私たちを除名すると脅しました。しかし、それに屈せず、連日夜を徹して議論し、原水協の大会に参加したものでした。

第九回原水爆禁止世界大会で確認された統一行動強化に関する決議

一、日本の核武装阻止、米原潜寄港阻止、F105D水爆搭載機配備反対、日本本土と沖縄の核ミサイル基地化反対、沖縄返還運動の促進
二、核兵器全面禁止、全面的核実験停止条約の成立
三、アジア、太平洋地域の核非武装地帯の設置
四、核戦争へ向かう危険な動きの阻止
五、被爆者救援を運動の重要課題として位置付け、被爆者援護法の制定のための行動を起こす

## ベトナム侵略戦争開始

池田勇人内閣の末期、一九六四年八月、ベトナムで「トンキン湾事件」が起きました。米ジョンソン政権（民主党）は、八月二日、四日、ベトナム民主共和国（北ベトナム）トンキン湾の領海で米第七艦隊の駆逐艦が、ベトナムの哨戒魚雷艇に発砲されたとして、北ベトナム本土への爆撃――「北爆」開始のきっかけとしました。米上下両院は、これを根拠に八月七日、大統領にあらゆる軍事的措置を認める決議を採択しますが、後の七一年六月、「国防総省秘密報告書」で、あらかじめ「六四年二月、秘密裏に軍事作戦」→「五月に北爆」の筋書きを立てていたことが発覚。「トンキン湾事件」がアメリカのでっち上げであったことが明らかになりました。

ベトナム侵略戦争で米国はその後も地上軍を投入し、泥沼と化した戦争は、米軍が完全敗北し、七五年四月三〇日、南ベトナムの首都・サイゴン陥落まで一一年間続くことになるのです。

## ベトナム人民支援カンパ

六四年に開かれた第一〇回原水爆禁止世界大会には、四九カ国、八国際組織、一四三人の海外代表、約三万五〇〇〇人が参加しました（数字は「ドキュメント一九四五→一九八五　核兵器のない世界を」被爆四〇年と原水爆禁止運動編集委員会編による）。

ベトナム侵略戦争が激しさを増し、本格的な空爆も始まります。この状況下、原水爆禁止世界大会は「ベトナムに、ヒロシマ・ナガサキを繰り返すな」のスローガンを掲げ、本会議は、八月三日から五日まで京都と大阪で開かれました。注目のベトナム代表が出席した原水協の大会では、ベトナム人民支援カンパが訴えられました。

中ソ対立の影響はなおも続き、第一二回世界大会では、ソ連と世界平和評議会の代表は社会党・総評系の「原水禁」の大会に出席するなど、複雑で困難な状況のもとで準備されました。世界大会に出席していた海外代表の一部が、世界民青連に対し、「侵略勢力と協力してきた組織」、「帝国主義の手先」と決め付け、大会からの排除を要求しました。特定の団体・組織を統一行動から排除しようという不当な要求は、日本原水協の立場とは相容れません。私たちはきっぱりとこれを拒否しました。

それが認められないとみるや、一五カ国・組織の代表が大会から退出し、北京に招待され、「人民日報」紙上で日本原水協の非難を行いました。

## 被爆者援護と合わせて

内外でこうした困難な事態が進行していましたが、それにもかかわらず日本の平和運動は、ベトナム侵略戦争反対の内外の世論と結びついて、国民的な発展を遂げました。翌六五年から「ヒロシマ・ナガサキ被爆の日」を期して「6・9署名運動」がスタートし、「被爆者とともに核戦争阻止・核兵器廃絶・被爆者援護連帯」を呼びかけました。

とりわけ、ベトナム人民支援、ベトナム反戦運動は、世界的な広がりをみせました。日本では、六四年八月一〇日、共産党、社会党、総評など一三七団体が中央集会を開いたのをきっかけに、「ベトナム人民支援委員会」が結成され、五四単産による一九六六年一〇月二一日の「ベトナム反戦統一ストライキ」決行へ進みました。

ベトナム反戦の波は、六〇年安保にも匹敵する規模で広がりました。ストライキに限ると、安保闘争をしのぐといえるでしょう。公務員も半日ストを決行しましたし、当時はまだ国鉄と呼ばれていた今日のＪＲも労働組合が、米軍のジェット燃料の輸送に反対するなど、勇敢にたたかい、大きな役割を果たしました。

歴史的な10・21ストのとき私は、広島市職労の書記長でしたが、権力とのたたかいで強烈な思い出があります。

ストライキをした労組に対し当局は、全国的に弾圧・処分を加えました。自治体労働者

広島版

組合幹部を一週間も尾行　公安課の警官

「不当介入だ」と抗議

広島市職組　県警と対決の構え

「情報活動は当然」県警

県警が1週間佐藤書記長を尾行！　佐藤書記長ら代表20数名県警本部へ抗議
(『中国新聞』昭和45年6月30日)

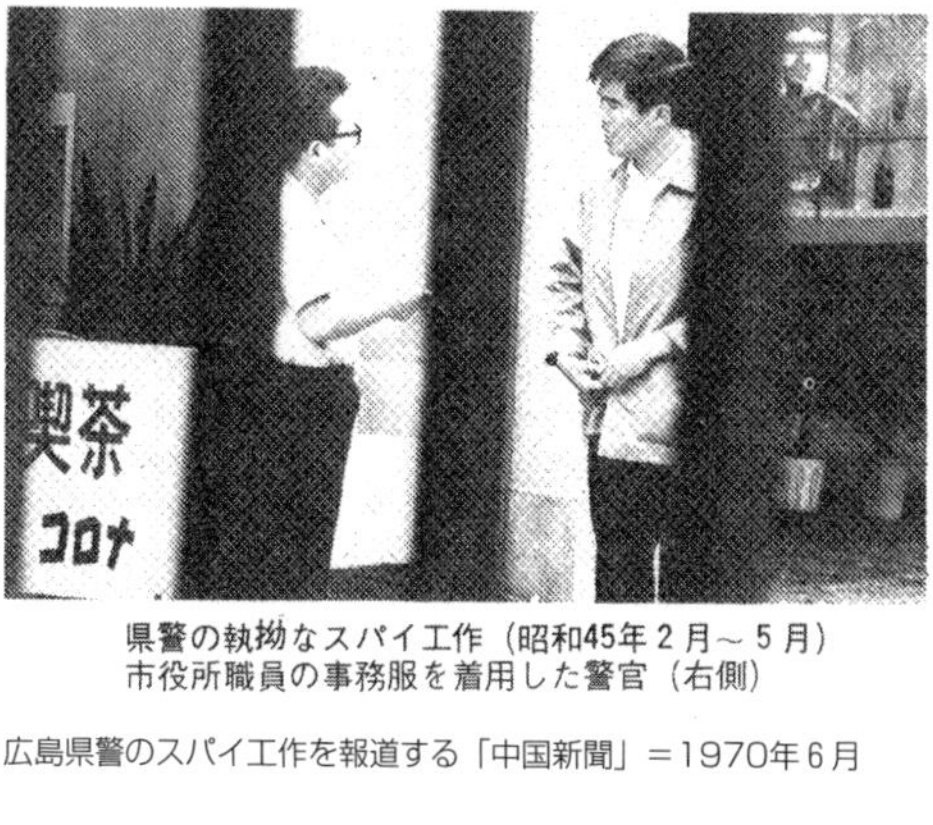


県警の執拗なスパイ工作（昭和45年2月～5月）
市役所職員の事務服を着用した警官（右側）

広島県警のスパイ工作を報道する「中国新聞」＝1970年6月

への処分は、全国で解雇二五人、停職二五二人、減給四三〇人、戒告二三九九人、訓戒五万九六四二人、注意六五四七人、計六万九二九七人にのぼりました。

## 警察、公安庁がスパイ活動

広島市職労では、公安調査庁と警察が組合の活動家を金銭・物品などで買収・供応し、内部の情報を提供することを強要するスパイ事件が多発し、当時、「中国新聞」でも「職制使い思想調査　公安調査局へ抗議」と報道されました。

組合が摘発した事例の中には組合員の実家に三五万円の耕運機を届けた、情報提供の見返りに月々三〇〇〇円を払う——などがありました。

公安調査庁中国調査局職員が市役所に出入りし、職制を通じて、職員の思想調査を行っていたことも発覚、同局に厳重抗議しました。これに関連していうと、それから後のことですが、一九七〇年、私自身、二四時間広島県警の警官に尾行されたことがあります。尾行されて三日目ごろそれに気づき、車のナンバーから警察のものであることを確認、抗議しました。

「組合幹部を一週間も尾行　公安課の警官」「『不当介入だ』と抗議　広島市職組」——。

「中国新聞」はこんな見出しで、詳しく報じました。

私たちの抗議に対して、警察は「治安維持に当たる警察としては必要があれば張り込み、尾行もありうる」と開き直り、憲法で保障された団結権、基本的人権を侵害することも意に介さない態度をとりました。

## 米空母「寄港」も

日本の首相は、蔵相時代に「貧乏人は麦飯を食え」と言って、ひんしゅくをかった池田勇人から、六四年、佐藤栄作へと移行しました。彼は、民主自由党幹事長時代の五四年、造船疑獄で賄賂を受け取った疑惑が持ち上がりましたが、犬養法務大臣の「指揮権発動」によって逮捕を免れた経歴の持ち主でした。

首相を辞めた後、一九七四年、沖縄返還、「非核三原則」などが評価され、ノーベル平和賞を受賞したことがあります。この受賞には大いに疑問があります。「作らず、持たず、持ち込ませず」という「非核三原則」を提唱しながら、裏では、「核つき返還・本土への核持ち込み」に合意し、原子力潜水艦「シードラゴン」の佐世保「寄港」や、原子力空母の「寄港」も認めるなど、日本をベトナム侵略の足場にするための一歩を大きく踏み出すことになったのですから……。

日本原水協では、「沖縄協定」により沖縄の施政権が日本に返還されることが決まった七一年一一月（七二年五月一五日発効）の声明で、いち早く、「非核三原則の立法化」を要求しました。また、七九年には、憲法・国際法・政治学者一七人が、法案として成文化して、公表しています。

## 革新自治体の誕生

一九六八年の第一四回原水爆禁止世界大会は、統一行動に関する三つの原則を再確認し、再びベトナム代表団を迎えて開かれました。ベトナム戦争のさなか、しかも日本政府によって、入国拒否されていた長い期間を経てのことだったため、非常に盛り上がった大会となりました。アメリカ国内を含む、世界の反戦の願いが届くときがきたと、当時私は感慨を新たにしました。

付け加えるとこの時代――六〇年代後半から七〇年代は、政治の分野で民主勢力が、大きな前進を遂げたときでもありました。六七年の東京都知事選挙で共産党、社会党、民主勢力が、「明るい革新都政をつくる会」を結成して推した美濃部亮吉氏が当選したのをはじめ、京都、大阪など大都市、地方都市でも続々と革新・民主の首長が誕生しました。「日本の人口の四三％が革新自治体の下で暮らしている」といわれたころです。

こうしたなか、ビキニ環礁で「死の灰」を浴び、その後、廃船として放置されていた「第五福竜丸」が、東京・夢の島（当時は、ごみ置き場になっていた）で発見されました。それを美濃部知事ら八氏が「被爆の証人」として残そうと、保存運動を呼びかけ、七五年六月、現在の展示館完成へと実を結ぶことになるのです。

核兵器を積んでいないという「証明書」を提出しない限り、外国艦船の入港を許可しない、という「非核神戸方式」ができた（七五年三月）のも、こうした革新自治体の流れを反映したものといえます。後にニュージーランドでこれを学んだ国レベルの領海、領空への乗り入れを認めない「ＮＺ方式」が誕生します。（別項の「ニュージーランド訪問記」で紹介）

「日本列島改造論」をキャッチフレーズに田中角栄が首相になった七二年九月、日中国交回復が実現し、原水爆禁止世界大会への中国代表団の入国拒否問題も、基本的な解決をみることになります。田中角栄は、マスコミから「庶民宰相」ともてはやされて登場しました。

田中内閣が行った唯一、まともな政治がこの日中国交回復でした。その後は、七六年二月、米上院多国籍企業小委員会で明るみに出た「ロッキード疑獄」で、その年七月に逮捕され、「首相の犯罪」として大問題になりました。これは自衛隊の対潜哨戒機P３Cの日本売り込みにかかわる疑惑で、アメリカの軍需産業が日本の政界トップを賄賂で買収した大事件でした。

七六年には、福田赳夫内閣の下、「有事法制」が浮上しました。これは、「台湾海峡有事」を想定したもので、七七年八月、日米防衛協力小委員会の協議に基づいて「公式研究に着手」したのでした。今日の有事三法、続く有事七法の基礎がこのとき築かれました。当時、福田首相は、「万万万万が一」に備えて研究するのだとして、「万」を四つも重ねた上で、「将来、これを法制化するものではない」、と国会で答弁しました。しかし、今日の事態に照らしてみれば、その場の言い逃れにすぎなかったことが明々白々になっています。

革新統一の流れの中、一九七七年の原水爆禁止世界大会は一三年ぶりに「国民的統一」が実現しました。これは原水爆禁止国民会議の森滝一郎代表委員と日本原水協の草野信男理事長の間で調印された合意（別項）に基づくもので、五月一九日に調印の運びとなりました。合意文書（別項）には、「組織統一」もうたっていましたが、一九八五年まで続いた共闘も最後まで「一日共闘」に終わる限界をもっていました。

日本原水協と原水禁国民会議代表の合意書（要旨）

一、今年八月の大会は統一世界大会として開催する。
二、国連軍縮特別総会に向けて、統一代表団をおくる。
三、年内をめどに、国民的大統一の組織を実現する。
四、以上の目的を達成するために統一実行委員会をつくる。
五、原爆犠牲者三十三回忌にあたって、原水爆禁止運動の原点にかえり、核兵器絶対否定の道をともに歩むことを決意する。

# 第6章　初の訪米で核廃絶訴え

## 被爆者救援の盛り上がり

一方、NGOが開いた被爆者シンポジウムをきっかけに、被爆者救援運動が大きな広がりをみせ始めます。何より注目すべきことは、七八年の国連軍縮総会に向けて日本から五〇〇人の代表が訪米できたことでした。

世界的には、ベトナム戦争でベトナムが大国アメリカに勝利し、七六年の大統領選挙でJ・カーターが当選したことも影響しています。カーターは一時期、「力の政策」を採用しましたが、イラク戦争では、戦争反対の立場を貫き、二〇〇二年にノーベル平和賞を受賞するなど、晩年は平和主義的な考え方を表明し、各国を訪問していたことで知られています。

日本の代表団の入国が許可されたのは、カーター氏の判断によるところも大きかったようです。ちなみに、広島の甲奴町には「カーター記念館」が建設されています。これは、戦時中、供出で鋳潰されるのを免れた寺院の鐘をカーター氏が収集し、「平和の鐘」として保存していることから設立されたものです。

国連軍縮特別総会で核兵器廃絶を訴える代表団の日本原水協の第一二班に加わった私は、

被爆者とともにサンフランシスコ、ニューヨーク、ワシントン、ロサンゼルス、ハワイの各地を回りました。二一日間の長旅でした。入国が認められたとはいえ、この間、米当局の監視の目は厳しく、とくにワシントンでは、ホワイトハウスの中庭はもちろん、ホテルの中で食事をしているときも、あるいは博物館を見学しているときも、どこでもＦＢＩなどの目が光っていました。

## 八〇年代の巻き返し

一九七〇年代に国政、地方政治の舞台で革新・民主勢力が躍進を遂げたことから、それを恐れた支配層が八〇年代に入る直前から激しい巻き返しに転じました。それを最も象徴的に示

第１回国連軍縮特別総会に出席した日本のNGO代表団

したのが八〇年一月一〇日に締結された、いわゆる「社公合意」です。

当時の社会党と公明党が交わした連合政権構想は、政党では共産党を除外、政策上は、日米安保条約と自衛隊の現状を肯定、存続させることをうたっていました。この社会党の変身ぶりについて、私たちは「ルビコン川を渡った」と評したものですが、日本の政治が今日のようにひどくなる原因がこの「社公合意」にありました。

労働組合のナショナル・センターである総評も、「共産主義に対抗する」ことを旗印にした国際自由労連に加盟する動きがはっきりするなか、私たちも新しいナショナル・センターである「統一労組懇」（統一戦線促進労働組合懇談会）から、後の八九年一一月、「全労連」（全国労働組合総連合を結成）をつくろうという決断にいたります。また、八〇年五月には全国革新懇（平和・民主主義・革新統一をすすめる全国懇話会）が結成されました。

統一労組懇に対する右翼団体の妨害は非常に露骨でした。私が広島統一労組懇の代表委員をしていたのですが、毎朝、市役所前に右翼団体の街宣車七台が乗りつけ、「佐藤を辞めさせろ」「市役所内に組合事務所を置かせているのはけしからん」と大音響で怒鳴りたて、デモ行進していても隊列に平気で突っ込んでくる、それでも警察は全く規制しないのです。

そのころ日本の首相は急死した大平正芳に代わって七月から鈴木善幸になりました。米海軍がハワイ周辺海域で行っている合同演習「リムパック」（注）に日本の海上自衛隊が初めて参加するのはその年で、自衛隊の海外出動の事実上の第一歩がこのとき踏み出されました。

リムパック　米海軍が、一九七一年から二年に一度の割りで実施している「環太平洋合同演習」。期間は約一カ月。〇二年の演習には、アメリカ、イギリス、フランス、オーストラリア、カナダ、チリ、ペルー、韓国、日本（八〇年から）が参加している。

日本原水協、日本平和委員会など六団体は、八〇年一月二一日、海上自衛隊のリムパック参加反対を訴える海上デモを横須賀港で行い、二三都道府県から九七団体が参加、自衛艦が出航した同二五日には、神奈川の平和委、原水協が抗議しました。「朝鮮有事」を想定した演習では、七六年から「チーム・スピリット」と称する米韓合同演習が始まり、東京・横田基地では平和委員会が監視行動をしました。この年の夏、外務省は「八〇年代の安全保障政策について」とする報告書の中で「国連平和維持活動への自衛隊派遣」に初めて言及し、それが後に「ＰＫＯ法」（国連平和維持活動協力法）の成立で現実化するのです。

一九八一年に米大統領がカーターからレーガンに代わり、鈴木・レーガン共同声明で初めて「日米同盟」が明記され、これをきっかけに、日本の軍事力強化が一気に強まりました。こうした政治的背景の下、第二回国連軍縮特別総会が開かれますが、日本原水協などの代表団は入国を拒否されます。

入国が拒否されたのは残念な出来事でしたが、日本代表団はアメリカ以外のヨーロッパ各国を全部訪れることができ、それがむしろその後の平和運動にとってよい結果をもたらしました。レーガン大統領が「ソ連脅威論」を振りかざし、「ヨーロッパでの限定核戦争もありうる」と述べたことにより、西欧での反核運動が急速に広まり、日本の反核・平和運動との連帯が深まったからです。

とくにこの年には、ライシャワー元駐日米大使が「日米間に口頭了解があり、実際に核を積んだまま日本の港に寄港している」と発言、大問題になりました。原水協や平和委員会は、ただちに核持ち込み糾弾、非核三原則の厳守を求めて緊急集会、抗議の座り込みなどを行いました。

## 「ヒロシマ・ナガサキアピール署名」開始

三三カ国、一四国際組織、一四七人の海外代表が出席した八一年原水爆禁止世界大会の国際会議（東京）、広島・長崎の世界大会は、核兵器使用禁止国際協定の締結をもとめるなど、六項目を折り込んだ宣言を採択しました。

社会党・総評系の「原水禁」はまだ日本原水協と行動をともにしていましたが、総評と同盟が階級的でたたかう労働組合を排除して、全民労協を発足させて以来、米国の「核の傘」の容認、安保、軍事費の増強も認め、原水爆禁止世界大会に対して妨害を強めてきました。彼らは一九八三年になると、「平和行進から統一労組懇の旗を降ろせ」と迫るようになり、「一日共闘」も八五年にはついに終止符が打たれました。

一九八五年、被爆四〇周年を迎え、内外ではまだ「核兵器が戦争になるのを抑えている」とする「核抑止論」や、西側諸国と東側諸国のいずれが強力な核兵器を保持しているかという「核均衡論」が支配的でした。国際的な会議でも、年来の主張である「核兵器廃絶」は、なかなか受け入れてもらえません。「原水禁」側は、ますます右傾化の道をたどり、八五年の原水爆禁止世界大会では、国際会議の場を単なる意見交換にとどめようともくろみ、国際会議の起草委員会で、「核兵器廃絶は緊急課題」とする文言の削除まで要求しました。そのときは、原水協、原水禁、地元広島の代表それぞれ三者が翌朝の七時まで、夜を徹して会議を続けました。私もその中の一人でした。そして、最終的には合意に達し「広島からのアピール」を発表するのですが、翌年の世界大会から、「原水禁」の人々は、参加しなくなり、今日に至っています。

このような困難がありながら、八五年二月、一二カ国の代表が広島と長崎に集まり、日本原水協の呼びかけに基づき、「ヒロシマ・ナガサキアピール署名」が二月五日、スタートしました。人口の過半数を集めることを目標にしたこの署名運動は、その年の七月、早くも一〇〇〇万人に到達するなど、あっという間に広がり、二〇〇三年に新しい署名運動が始まるまで続きました。「アピール署名」は二〇〇三年九月一六日現在、六二一六万七八七八人（人口の過半数に対する到達率九八・一二％）になっています。

# 第7章　大国の干渉からソ連崩壊へ

## ウイーン会議のこと

一九八七年秋に顕在化したソ連共産党のゴルバチョフ指導部による「新しい思考（新思考）」（注）をめぐって反核・平和運動はまた新たな試練に立たされますが、その前に、オーストリアのウイーンで開かれた第四回ウイーン対話集会―軍縮と緊張緩和のための国際会議（ＩＬＦ）にふれておきましょう。

この会議には、五六カ国から二〇〇人が出席しましたが、実は、その後ソ連が崩壊し、世界平和評議会が開いた最後の国際会議となったのです。

日本は過去二回欠席していました。会議の内容が、核抑止・均衡論に支配され、日本がいくら核兵器廃絶の緊急性を訴えても、受け入れられる状況になかったため、開催そのものに反対していたからです。

四回目の会議は、八六年三月中旬に行われ、日本原水協筆頭代表理事の山口勇子さん（故人）、日本平和委員会常任理事の岩崎允胤さん、沖縄平和委員会の野原全勝さん（沖縄国際大学教授）、日本共産党の幹部で国際委員会の立木洋さん（団長）、井出洋さん（故人）、それに統一労組懇自治体部会政策委員長・広島市職労委員長だった私の六人が出席しました。

山口さんは開会に当たって、特別発言が許可され、「私は焼けくすぶる広島の焼け跡で、父母を探して駆け巡りました。四二年まえのことです」と言葉を詰まらせながら語りかけると、会場は一瞬、息を飲んだように静まりかえりました。そして、「核兵器に固執する勢力のあらゆる策謀を人間の目で見抜き、核兵器廃絶の一点で結ぶ統一を――」と結ぶとひときわ大きな拍手が会場を包みました。

他のメンバーもそれぞれ出席した分科会で意見を述べ、私は、「ヒロシマ・ナガサキアピール署名」の意義を語り、すでに百五〇カ国以上に広がっていること、日本で二三〇〇百万人になったことを報告しました。非核自治体宣言も一一一八自治体になったことを述べました。

八六年は、井出さん、立木さん、山口さんとともに私も常任世話人を務めた「非核の政府を求める会」が結成された年に当たります。

この会は、①全人類共通の緊急課題として核戦争防止・核兵器廃絶の実現を求める、②国是とされる非核三原則を厳守する、③日本の核戦場化へのすべての措置を阻止する、④国家補償による被爆者援護法を制定する、⑤原水爆禁止世界大会のこれまでの合意に基づいて国際連帯を強化する、という「非核五項目」について合意と共同をひろげ、非核の政府の実現をめざす組織です。

## 中曽根内閣と「不沈空母」

国内では、このようにして、核兵器廃絶の緊急性についての理解が深まっていきますが、海外での国際的な会議では、私たちの主張にまだ嘲笑がわくような状態でした。

八六年当時は第三次中曽根内閣で、米レーガン政権の要求に沿って、「核抑止論」に固執し、三宅島に米空母艦載機のＮＬＰ訓練施設設置構想や、神奈川県逗子市の池子に米軍住宅を建設するなど、日本列島の「不沈空母」化を進めてきました。こうしたなか、最初の日本平和大会が、東京を中心に開かれ、日米軍事同盟をなくし、非核・非同盟、中立の日本をめざして奮闘することを誓い合いました。

また、八七年の原水爆禁止世界大会では、「平和の波」の運動の呼びかけが行われ、核兵器廃絶を共通課題に、各国で「ヒロシマ・ナガサキからのアピール」署名を共通の行動に、全世界で草の根から反核平和の創意的で多彩な取り組みを合流させるもので、同年一〇月には第一回が行われました。

一九八八年の原水爆禁止世界大会は、「新思考」路線との激しい論争の中で始まり、国際会議の冒頭、私は発言を求め、これが世界の反核・平和運動にとっていかに有害で、障害をもたらすかについて厳しい批判をおこないました。

「新思考」の誤りについてここでは詳しくふれませんが、地球に住む人類は「運命共同体」だから、米国など核を保有する国も核戦争阻止では一致できる――などという理屈で、たたかうことをやめようというとんでもない考え方でした。

ソ連代表は、世界大会の途中で姿を消してしまいました。ヒロシマ・ナガサキアピール署名には、ソ連も、オブザーバーの資

「平和の波」の運動を提唱したダイアン・クラークさん（中央）

格で出席していた中国も賛同しませんでした。世論と運動こそが核固執勢力を孤立させる道であることは、八四年の日本共産党とソ連共産党の共同宣言で確認されていたにもかかわらず、当時のゴルバチョフ指導部、中国共産党指導部も「アピール署名」に賛同しなかったのです。

このように八八年の原水爆禁止世界大会は、「新思考」の悪影響と正面から立ち向かう大会になりました。ソ連が「部分的核実験停止条約二五周年国際共同行動」なるものを押し付けようとしたからです。部分核停条約が、核兵器開発の手を縛るものではないことは、同条約発効後の米ソ両国が行った核実験の回数が発効前の一・五倍に増えたことでも明白でした。

## ゴルバチョフ路線の悪影響

ソ連平和委員会の代表は、社会党・総評ブロックの「原水禁」大会に出席し、再び、日本の平和・民主運動に対する干渉をおこないました。これは、「だれとでも対話をするのがペレストロイカだ」とするゴルバチョフ路線を押し付ける「ソ連第一主義」の誤りでした。また、ソ連自身が他国への内部干渉をあらためるとした反省にももとる背信行為です。

このような妨害にもかかわらず、広島で開かれた世界大会国際会議には、二十六カ国、七五人が参加、「各国の自主的な運動の発展に外部から介入することは、どんな動機をもつにせよ正しくない」と指摘、核戦争阻止、核兵器廃絶を「全人類の死活的緊急課題」として正面にかかげ、その実現のための運動と世論を高めるとした「広島宣言」を満場一致で採択しました。

また、この大会中、広島シティーホテルで行われた国際会議の模様を、同ホテルの従業員が上司の命令で盗聴・録音していたことが発覚、背後で警察、公安調査庁が不法な情報収集をした疑いがあることも分かりました。ちなみに八八年七月には東京湾で自衛隊の潜水艦「なだしお」が遊漁船「第一富士丸」に衝突、三〇人が死亡する大惨事が起きました。また、国内政治ではリクルート疑惑が発覚し、大問題になりました。

「新思考」　新しい思考の略。旧ソ連の指導部、ゴルバチョフが提唱し、実践した協調主義の政策と路線。一九八七年秋から顕在化し、八八年六月のソ連共産党第一九回全国協議会で、「全人類的価値優先論」が定式化された。「全人類的価値」と労働者階級の階級的利益を対立させ、それによって平和と民族独立、社会進歩をめざす各国人民の闘争を抑える一方、地球という「運命共同体」の一員は、帝国主義者も核戦争阻止、地球環境保護では一致できるとした。この背景にはソ連の利益になれば各国人民の運動に障害をもたらしてもよい、とするソ連第一主義があった。日本に対しても、日米安保も自衛隊も容認、社会党、自民党、公明党・創価学会も美化し、反核平和運動に干渉した。

## ソ連、東欧諸国の崩壊

一九八八年の暮れ、私は、活動の場を広島から東京に移しました。翌八九年には全労連、連合という二つの労働組合のナショナル・センターができるのですが、統一労組懇自治体部会政策委員長として、その準備に忙しい毎日が続きました。

連合が労資一体化で、自民党の政策を事実上推進する役割を果たすのに対し、全労連は、自民党政治の根本的転換をめざし、「たたかうナショナル・センター」であることを強くアピールし、一一月二一日に結成されました。連合の目標から、核廃絶が消えるなか、全労連は、日米安保条約廃棄、米軍基地撤去、核戦争阻止、核廃絶、非核・非同盟の日本をめざす統一戦線の樹立などの基本的目標を掲げました。

国際情勢も八九年から九一年にかけて激動しました。八九年一一月九日、東西ドイツを隔てた「ベルリンの壁」が崩壊、翌年一〇月にはドイツ統一、さらに九一年一二月二一日、ソ連邦が正式に消滅しました。北大西洋条約（ＮＡＴＯ）に対抗していたワルシャワ条約機構も解体しました。これにより、東西軍事ブロックの対立こそなくなったものの、アメリカ主導による新たな「世界秩序」――一国覇権主義が横行し始めました。

これらの事件は、平和運動にも大きな影響を与えました。「社会主義国」といわれたソ連、東欧諸国が相次いで「崩壊」したことにより、「資本主義万歳論」がふりまかれ、「保革対立の時代は終わった」とする論調が一気に広がりました。民主団体の中でも、「冷戦が終わったから、平和教育はもう必要でなくなった」という主張まで出ました。

一九九一年に開かれた原水爆禁止世界大

後列左から井出洋（日本平和委員会）、オブライエン（世評副議長・ニュージーランド）、ボロウィーク（同・ソ連）、一人おいてゴメシュ（同ポルトガル・元大統領）、私、チャンドラ（同議長・インド）＝1988年8月5日、原水爆禁止世界大会の際、荒木広島市長表敬訪問時。

会は、「広島宣言」を採択し、東西軍事ブロック対立」という第二次大戦後の枠組みがなくなったとはいえ、なお膨大な核兵器が残されていることを指摘し、核廃絶が「人類の未来に関わる死活的な緊急課題」であることを再確認しました。この間、一九九〇年秋には、湾岸戦争が勃発《ぼっぱつ》しました。イラク軍がクウェートに侵攻すると、父であるブッシュ政権は空母部隊をペルシャ湾に、サウジアラビアに米軍を派遣しました。このとき、自衛隊海外派遣の「原型」ともなる「国連平和協力法」が制定されました。同年四月六日、この戦争は一応の終結をみますが、「火薬庫」といわれる中東の緊張は続きました。

## 本島長崎市長との出会い

被爆国でありながら、日本政府は、核廃絶ではなく、「究極的廃絶論」を主張しました。そして国際司法裁判所では、有名な広島、長崎両市長の原爆投下は国際法違反だという証言がされます。この発言に対し、日本政府代表は、「国の政策と異なる」と発言するなど横槍を入れました。

「究極」という言葉の意味について、元長崎市長の本島等さんによると、聖書では、「究極」とは「未来永劫《えいごう》」を意味するそうです。つまり、いつまでたっても廃絶されないというのが「究極的廃絶」だとしばしば話されていたのを覚えています。

自治労連が被爆五〇周年に際して発行したパンフレット「みんなの願いあつめて 平和」に本島さんと私の対談が掲載されているので、その一部を紹介しましょう。

本島 村山(富市)首相は究極的廃絶といいますが、バイブルに世の終わりというのがあるんですよ。そのころ、核兵器を廃絶するんですかね。

佐藤 今年の広島の原水禁大会でも二回使われたんですよ。長崎でも二回使われましたね、わざわざ。

本島 一日も早く核廃絶が求められ

本島等長崎市長(右)と。左は長崎自治労連の柴田委員長

ているのに、それを究極といってね。何ともしょうがないですねえ。核兵器廃絶のため具体的には、核兵器全面禁止条約の締結というような目に見える手段をとることが重要なんですね。もう一つ重要なことは核不拡散条約（ＮＰＴ）の無期限延長に反対することです。

佐藤　全く市長のおっしゃる通りです。いろいろな立場、あつれきもおありだと思いますが、核廃絶に向けて毅然《きぜん》とやっていただいていることは、どれほど平和を願う人たちにとって激励になるかわかりません。

本島さんの祖父はキリスト教弾圧の犠牲者で、本人もカトリックの信者でした。本島市長は八八年一二月、市議会で「（昭和）天皇に戦争責任はあると思う」と答弁し、九〇年一月一八日、右翼団体「正気塾」の幹部に拳銃で撃たれる事件が起きました。ちょうどそのころは、天皇が危篤状態に陥り、メディアは、昭和天皇がまるで平和主義者であったかのような報道に明け暮れて、「自粛ムード」がふりまかれました。こうしたなか、本島氏への狙撃事件は、言論の自由への攻撃だとして議論になりました。

本島さんが狙撃された後、私は病院に見舞いましたが、そのような縁もあって、対談が実現したのです。市長選挙で惜しくも敗れた後も、各地の催しで一緒にトークをしたことがあります。

2004年国民平和大行進

# 第8章　核を拒否した国・ニュージーランド

人口三二三万人、面積は日本の七分の五、羊の数は八〇〇〇万頭、一年中、緑の楽園に羊、馬が放牧されており、一日に必ず一度は雨が降ります。気温は、年間をとおして最高二一度、最低は一一度――南太平洋、オーストラリアの南東に浮かぶ南緯三五度（北緯は青森の位置）

NEWS

WELLINGTON Mayor Jim Belich smiles during remarks made by Mitsuo Sato, centre, leader of the visiting Japanese peace delegation, in council chambers yesterday. At left is interpreter Hisako Ewing.

# Peace mission visits Wellington

THE chairman of the Hiroshima branch of the Japan council against a-bombs and h-bombs, Mitsuo Sato, led a 20-member delegation of Japanese local government officials to meet Wellington Mayor Jim Belich yesterday.

Mr Sato, who is also chairman of the Hiroshima City Workers Union, said the main purpose of the trip was to visit a country where a nuclear-free zone had been established.

A third of Japan's 3300 local bodies have been declared nuclear-free zones and 61 per cent of Japan's 120 million people supported nuclear-free legislation, he said.

Mr Sato said while 420,000 Japanese had been killed or affected by the a-bombs dropped on Hiroshima and Nagasaki in 1945 now there were 50,000 more-powerful bombs in the world's nuclear arsenal.

The passing of New Zealand's antinuclear legislation had created a lot of interest in Japan and was reported by all their main newspapers, he said.

After exchanging gifts with Mr Sato, Mr Belich said New Zealand's antinuclear legislation was a reflection of what was happening around the world. People were concerned about politicians making decisions about the human race and wanted to take part in those decisions.

A World Cities for Peace meeting will be held in Hiroshima in 1989.

ニュージーランド訪問を報じる「ドミニオン」紙＝1986年7月

の国ニュージーランドが、世界の注目を集めています。

それは、一九八七年六月四日、ニュージーランド議会が、核積載艦船、軍用機の入港、着陸を拒否する反核法案（非核地帯、軍備管理、軍縮法案）を与党・労働党の賛成多数で可決したからです。

同法の成立によって、ロンギ政権がとっている反核政策は法的根拠を持つとともに、三五年間続いたオーストラリア、ニュージーランド、米国相互安全保障条約（ANZUS）は実質的に終止符を打ちました。

アメリカをきりきり舞いさせていると、全世界のマスコミは報道しました。

## 非核法可決後に訪問

私は、「非核法案」が可決された三日後の六月六日から一三日まで、「非核の政府」視察を目的に統一労組懇自治体部会の代表一二都府県一七名の代表団の団長としてニュージーランドを訪問しました。

偶然とはいえ、ニュージーランド（以下NZ）議会で懸案の非核法を可決、成立させた直後の抜群のタイミング訪問で、「最初の外国代表」「世界最初の被爆地『ヒロシマ』から、自筆の広島市長のメッセージ持参、『平和の使者来る』」等、現地では新聞、テレビ、ラジオが大きくとりあげ、同国の国政、地方政治の代表的人物との会見、会談も実現し、国務大臣や首都ウエリントン市長との会見、八〇以上もある各種平和団体とのシンポジウムや座談会への出席、四〇回以上のスピーチの機会が得られる等、破格と思える扱いを受け、同国の平和、非核の運動や政策の背景、同国の国情にも直接ふれることが出来、予想以上の成功をおさめました。

視察団成功の最大の要因は、私たちの訪問のために、早くから受け入れ態勢を準備してくれたNZ平和評議会ジェラルド・オブライエン議長や、NZ平和評議会全国書記、ライス・スチュアート氏の援助があったからです。この人たちとは三月一三日～一六日、ウイーンで開催された『第四回対話集会―軍縮と緊張緩和のための国際会議』第三分科会で同席し、共に発言し「南北太平洋に浮かぶ日本とNZの反核平和の連帯行動を」と交換し合った間柄で、このたびのNZ訪問に際し万全の受入態勢をとってくれました。

## 社会保障が充実

この国は常夏です。南半球にあるため日本と四季は逆ですが、むしろ四季は一日の中にあるといった感じです。朝は春、昼は夏、夕は秋、夜は冬といった具合です。澄みきった空気、南十字星、緑の楽園、そしてＮＺの人は「英国以上に英国人的」と表現されるように、実直、誠実、生活態度も質素で健康的です。

なにしろ、金曜日（に限り九時まで）以外は午後五時になると全国の店は全部閉まります。夜は、家庭団らんの一時間と近隣の家族同士の交歓にあてられます。

もちろん完全週休二日制で、北欧諸国と同様、社会保障制度は実に充実していました。食糧費はケタ外れに安く、ビフテキは日本の一〇分の一の価格です。自動車は日本車に関心が集まっていますが、高価でした。ロンギ政権になって一八％も物価が上昇し、国民から不評でした。

周囲が海ということで、二人に一人はヨットとモーターボートを持っています。スポーツは国技がラグビーで、いたる所に練習場がありました。たまたま世界選手権の最中でもありました。

## 核積載艦船入港を

七日からタイムスケジュールぎっしりの調査活動が始まりました。

「NZ非核地帯委員会」の婦人たちの話では、一九八三年六月には、全国で二七だった非核自治体が、国会が解散した一九八四年六月には八六自治体となり、この力が、国民党政権から労働党ロンギ政権を誕生させる力になったとのことでした。

アメリカがNZの反核運動を威圧するかのように、核積載可能艦を相ついで最大都市オークランド、首都ウエリントンに入港させたことは、誇り高いニュージーランド人を怒らせました。その都度、ヨット、モーターボート、サーファーまで繰り出してブロックをかけ（寄港を妨害すること）、また街では、抗議の集会と行進がくり広げられました。

この時、日本の「神戸方式」を学ぼうと、「神戸から日本の平和運動家や共産党市議を招待して交流を深めたのが大変役立った」と語ってくれたのが印象的でした。

総人口三〇〇万人の国で人口八五万人と労働者の多いオークランド市の労働者と労働組合、地区評議会の活動ぶりは、まことに教訓的でした。市内にある約八〇の〝草の根〟的な各種平和団体の中心活動家は、労働者の占める比率が高く、医師、学者、宗教家が自由に参加していました。

オークランド地評の「平和シンポジウム」には、国民党と労働党の〝核問題のスポークスマン〟が招かれており、お互いに「非核法」成立の賛否を演説した後、特別に私のスピーチの時間が与えられました。

六月八日、午前中、オークランド市庁舎を訪問し、労働党の女性市長（欧州旅行中）代理に、広島市長からのメッセージを渡しました。そして、「八九年に広島で開催される第二回平和都市連帯会議には出席したいと思っている」との伝言と、広島市長への贈り物を託されました。

## 非核法反対派の発言も保障

午後はオークランド労組協議会主催の「平和セミナー」に出席しました。日本を出発する前に、現地からの手紙では、議長のあいさつの次に私のスピーチがプログラムとして発表されていたのが、なぜか変更され、いきなり国民党（ＮＺは労働党と国民党の二大政党制）の代議士、ドゥーグ・グラハム氏が、一五分の持ち時間を超えて四〇分間にわたって顔を紅潮させながら演説しました。

彼は「過日成立した非核法は、無益で効果はない」、「非核政策をとっているためにフィージーでクーデターが起きたのだ」、「八月の国会議員選挙で、国民党の政府ができれば、非核法をただちに廃止する」と、約八百人の労働組合代表や各種平和団体の人たちの前で堂々と主張しました。すぐさま、隣に座っていた老婦人や反核医師の会の人たち、労働組合の代表が挙手して、「米の核があることによって、かえって標的にさせられる」、「せっかく非核法を成立させたことができたが、国連とか国際司法裁判所などで、この法律を守らせる手続き、方法はないものか」などと反論や討論が行われました。

後日のスチュワート氏の解説によれば、「国民党がわれわれの集会に参加するのは彼が初めてだ。八月の総選挙を意識しているし、彼は将来の国民党の党首を狙っているホープ」とのことでした。

## 「非核法」成立と女性

次に立った労働党のヘレン・クラーク女史は「非核法は、ことの始まりに過ぎない。これから、さらにこの方向を推進しなければならない」旨をのべました。この代議士は、国民に大変人気のある人で、「国防・外交の専門家、次の総選挙で労働党が勝利すれば、国防相、外務相を兼務する筆頭の候補者」といわれていました。

同国は婦人の参政権も世界で初（一八九三年）であったことを聞き、オークランドの現婦人市長、婦人の国務大臣と外務大臣の誕生の可能性など、さらには、いきつく先での交流、交歓の場で、婦人の参加者が男性を上回っていることに気づきました。

三年前の一月三一日（真夏）、たった三日間の準備で二万人（警察発表）が、政府の米艦船入港拒否を支持する大デモンストレーションをしたのですが、その組織者の一人が、幼い二児の母、オークランド・ピースフォーラムのポーリーン・サーストン夫人たちであり、これまた、デモ参加者は女性が多かったそうです。

## 非同盟・中立を訴える

休憩後、団を代表して私が演説し、来訪の意を伝え、広島から持参した被爆実相の一メートル四方二〇枚のポスターの掲示、説明、とくに「いまだに続いている被爆者の苦しみ――一九六六年二月、今から二七年前の核持ち込み＝米国政府解禁秘密文書と日米安保条約――アンザス条約との関連――非核自治体運動と非核政府を求める運動の相乗関係――ヒロシマ・ナガサキアピールの両国共同のとりくみと連帯」などについてスピーチしました。

その後も、討論が続行され五時前の終了時に再度、私から発言許可を求めて「会場に掲示させてもらった被爆写真の大型ポスター、平和行進のリレー旗など、たくさんの贈り物を持参しました」と伝えると、オークランド地評議長のビル・アンダーソン氏は「私たちは資金不足だ。平和運動の資金集めに使わせてほしい。さっそく今晩バザーをやりたい」と了解を求めてきました。

またその会場で、オークランド市庁舎を訪問した際に、時間の関係で会うことができなかった組合代表（オークランド地区＝一二〇万人、地方公務員現業労組委員長）ジョン・デューク氏の方から懇談の申し出があり、自治体労働者の賃金、権利、労働時間、平和サークルなど、延々三時間の夕食懇談会になりました。

なにしろ、日本側からの話にたいし「日本は物価が高い。なぜ、そんなに働くのですか」と驚きの声を連発するのです。

ＮＺは教育費、医療費はもちろん無料で、社会保障が充実しています。賃金は週給制で税引き手取り二九五ＮＺドル（二万六千円弱）、月額にして日本円一四万円程度が同国の平均収入のようです。（これは為替レートの比較で、社会保障や購買力評価では比較にならない）

面白かったのは労働時間で、彼の話によれば、週休完全二日（土・日）、労働時間は、三七～四〇時間程度、朝七時から夕方五時までのフレックス制、また二週間以内の弾力運用がきくようであり、現在、日本で問題になっている「労基法改悪」と決定的に違うのは、それはすべて労働者自身が自主的に選択できる仕組みになっていることでしょう。

日本の長時間労働の話をすると「超勤とは一体何か」と不思議がり、説明すると「オー・ノー」「NZは五時になると官庁も会社も店も、人っ子一人いなくなる。市役所で困っているのは九時になかなか職員が出勤しない。一〇時ごろに出勤するものがいて、組合も困っている」との話です。

## 一九世紀から政策は進歩的

ウエリントンは「風のウエリントン」と呼ばれ、坂が多く、造船場があり、実に長崎によく似た街です。政治の中心であり、八月六日には、「蜜蜂の巣」というニックネームを持つ、全部が大理石造りの国会議事堂の前で、広島との連帯集会が毎年開催されています。

オブライエン氏の案内で議会のマオリ委員会の部屋を見学、内部はマオリの民族的、伝統的な建物の造りとなっており、一八四〇年のワイタンギ条約の大きなコピーが展示されていました。この国の元もとの先住民はモリオリ族と呼ばれ、ポリネシア系の種族だったそうです。

一四世紀に今の原住民といわれるマオリが、ハワイキという島からこの島に渡り、いくつもの部族にわかれ、全土に散らばったとのことで、その後、英国が南太平洋に中産階級による理想的なイングランドをつくるとして入植し、長年にわたってマオリとの土地戦争をくり広げることになるのです。

一九四〇年のワイタンギ条約で、英国はNZを自分の主権下に置くかわりに、マオリの権利を保障し、英国国民として白人と同等の地位を保障し、首都をオークランドからウエリントンに移し（一八六〇年に独立）、一九世紀にして早くも普通選挙権（一八九三年）や婦人参政権、義務教育の無料化、老齢年金など、社会保障制度の創設、土地の過剰所有の禁止など、貧富の差を少なくする進歩的な政策をとり、今日でも、社会保障制度はスウェーデンに次ぐといわれています。

## マオリ抜きに語れぬ

この国で、マオリを抜きにした政治は語れないそうです。全人口の約一割が純血ですが、白人との混血が進んでいます。

国会議員の数は九五名ですが、五名は無条件でマオリに与えられます。もちろん、それ以外の選挙区でマオリが立候補することは自由です。同国は完全な一区一人の小選挙区制度です。

ＮＺの有名なラグビーチーム「オールブラックス」が、私たちの帰国した翌々日に世界選手権者となりました。一九八二年、当時の国民党政府は、公然と人種差別政策をとる南ア連邦のラグビーチームを招待したことから、日ごろおとなしいＮＺ人が、全国で何万人という規模で抗議行動を起こし、警察では手におえず、軍隊が出動し、流血の騒ぎとなり、数千人が逮捕されました。その中にはマオリが多く、また政府や市の幹部が大勢逮捕されていたのだそうです。

## デリケートな少数民族政策

マオリ族は文字を持たず、物語も約束ごとの記号による彫刻で表現します。彼らは、三人集まれば自然に美しいハーモニーのコーラスや身体をなだらかに振るダンスを始めるし、「こんにちは」のかわりに、とても親しみをこめて、舌を大きく出すあいさつを風習としています。

マオリ族のことが少々長くなりましたが、オブライエン氏が国会の中で最初に案内したのがマオリの委員会であり、「この部屋に敬意をはらってほしい」とのべたことから、同国の少数（先住）民族政策のデリケートな面を見た思いがしました。

現地通訳の話によれば、居住地問題、経済問題、職業選択など、まだまだ「差別」が存在しているとのことでした。

## クーデターにCIA関与？

歴代首相の写真が掲示されている国会の廊下で、オブライエン氏は、カーク元首相の写真の前で「最初に核問題を扱ったのは、この政府の時だ」、そして、ひきつづいて同氏は「カーク元首相は任期を二年残して、何ものかの手によって殺されたが、私はCIAの仕業ではないかと思っている」とも説明してくれました。

本年五月末、南太平洋沖のフィジーでクーデターが起こり、私たちの帰国便の飛行機は、予定していたフィジーでの給油をとりやめ直行になったため時間節約になり、三時間も楽をしましたが、「南太平洋諸島のだれもが、フィジーもCIAのにおいがする」と語っているそうです。

ウエリントンでは、一九八六年一〇月の選挙で、非核法反対の国民党市長にかわり、非核法推進の労働党ジム・ベリック市長が当選しました。

私たちは、市議会議場に案内され、団を代表して私が来訪の意を伝える演説を、市長が歓迎のあいさつをし、贈り物を交換しました。

## 「来訪に間に合わせた」

私がそのスピーチで、「非核法が成立した直後に訪問することができ、タイムリーだった」と述べると、ベリック市長は、「それに合わせるため、無理をして可決させた」とユーモアで応じるなど、一同を笑わせました。

国会では、大のマスコミ嫌い、写真も嫌いという、オフリン国防相兼外務次官と会見することができました。オフリン国防相は、地方公務員出身ということから、私たちに親密感があったらしく、遠来の私たちを大臣室に招じ入れ、会見しました。

オフリン氏は、非核法はまだ第一歩にすぎないこと、南太平洋地域の非核化を進めることが重要だと語り、大嫌いな写真にも「一枚だけ」を条件に応じてくれました。

非核・平和の運動家、リチャード・ノージー氏は、市議と国会議員を兼務する人で、非核法を実現させたのは、第一に街頭宣伝、第二に、六カ月に一度核艦船が入港するたびに小舟を出して、入港阻止の運動をしたこと、と述べました。

また、非核法を成立させるため、学校、病院などを非核施設として定める運動を推進し、市町村に非核自治体宣言を拡大していったことを詳しく報告しました。とくに、選挙では、核兵器反対を争点に押し出して、その結果当選できたという話は、日本で非核の政府をつくるうえも教訓的でした。

ニュージーランド平和評議会のオブライエン氏は、「非核法はまだ不十分で、核艦船、核兵器搭載の艦船、航空機の寄港、飛来は排除されておらず、首相の考え次第では変わる」と述べ、平和運動の圧力が大切だと強調しました。

（八七年七月「広島民報」から）

# 第9章　草の根からの国際交流

## ブラジルでの地球サミット

一九九二年六月、私はブラジルのリオデジャネイロで開かれた「環境と開発に関する国際会議」——いわゆる「地球サミット」に出席しました。史上最大といわれたこの会議は、六月二〇日から開かれ、一八三カ国からさまざまな団体が集まりました。

日本からは、総勢六〇〇人が参加し、私たちは「地球環境と大気汚染を考える全国市民会議」（CASA）に加わる「公害・地球懇」の構成団体として、一五人の団員で出席しました。

成田空港からロサンゼルス経由、二六時間の長旅は、途中、治安問題もあって、銃を携行した大量の兵士に護衛されながらの、緊張したものとなりました。

グアナバラ湾に面したフラメンコ公園に設けられた「サミット」の会場では、シンポジウム、講演、討論会、スライドの上映などさまざまな催しが、次々繰り広げられました。

グローバル・フォーラム会場の三〇番テントが「ジャパン・センター」でした。ここでは日本のNGOが、イベントを行い、「戦争による環境破壊」をテーマに交流会が開かれました。

私は、原爆被害の実相を訴えたパンフレット、日本原水協が作成した写真を展示して「ヒロシマ・ナガサキアピール署名」の意義と協力を呼びかけました。ブラジルの七〇〇万人を組織するナショナル・センターであるＣＵＴは、この署名に全面的な協力を約束してくれました。リオの人たちの関心は高く、マスコミ七社から延べ五時間半のインタビューを受けました。

## 驚いた超インフレ

なかでも、体験したこともない、超インフレにびっくりしました。一日で一～二％のペースで物価が上昇します。到着した五月三〇日には、日本円一万円が二〇万クローゼで両替できたのが、帰国する六月八日には二四万クローゼへ、二〇％も貨幣価値が下がっていました。

リオデジャネイロ～サンパウロ間の航空運賃も五月三一日と六月一日では、一〇〇ドルが二〇〇ドルへ、何と一挙に二倍に跳ね上がっていました。ブラジルで暮らすなら、現金を一刻も早く物資に替えることが生活の知恵、という話は、こんなところからきているのだと実感させられました。

## 地球温暖化と米政権

「地球サミット」では、ブッシュ政権が温暖化防止条約を骨抜きにしようとしていること、生物多様性条約の調印を拒否していることなどに、かつてない批判が集中しました。

日本からも当時の竹下首相、海部前首相らが出席し、「日本は公害を克服した」、「東京から富士山が見えるのは科学進歩の象徴」と発表しました。これに対し、日本のＮＧＯは、政府のでたらめさ加減を具体的に論破したパンフレット五〇〇〇部を持参、ＯＤＡ批判とともに大きな役割を果たしました。

ブラジル訪問で会った従弟とその家族たちと＝1992年6月

この「サミット」の主要議題は、南北問題、貧困・飢餓の克服ともいわれました。リオ、サンパウロには、一五万人が貧民くつで暮らしているとされ、ストリート・チルドレンと呼ばれる子どもたちは、道路上で、抱き合って眠っていました。幼いころから、引ったくりが生活のすべてといわれるこの子どもたちに、どうにかして社会保障の手が差し伸べられないものか……。帰国してからもそれが頭から離れませんでした。

## 五〇年ぶり叔母と再会

ブラジル訪問には、もう一つ、個人的な期待がありました。一九四一年にブラジルに移民した叔母、そしてその子どもたちとの再会でした。

日本代表団の通訳を引き受けてくれたのが私の従弟で、彼とリオの空港で会った三時間後、叔母は脳溢血で倒れました。従弟によれば、叔母は「後四日したら光雄に会える」と涙して待っていたそうです。しかし、私が入院先の病床に駆けつけたときは、すでに意識不明になっており、帰国後の六月一四日、帰らぬ人となりました。

## 魅力あふれる町

サンパウロは魅力に満ちた都市でした。街には人も車も多く、高層ビルの谷間には、日本語が溢れる東洋人街がありました。サトウキビから精製したアルコールで走る車の排気ガスで目が開けられないほどでした。貧富の差が激しい国ですが、その割に活気に満ちているのが不思議でした。従弟によると、「日本で一年間働くと、ブラジルで三〇年間働いたに等しい」といい、当時の国民平均月収は、六五ドルでした。

救いは物価が安いことで、一万クルゼイロ（訪問時の円換算約一三〇円）も出せば、結構な品数と分量の食事ができました。私は、一日に一〇万人から一五万人の人出があるという花市場、食料品が買える中央市場を案内してもらいました。魚市場では、マグロ、タイ、サンマなど日本語で商品名が書かれていました。牛肉は一キログラム一〇〇円程度、バナナは五〇本単位で、一本一円以下でした。半面、日本製の家電製品、車は生涯働いても手が届かないであろう高嶺の花でした。

私の従弟妹たちの職業は、公務員、教員、医師、エンジニアとさまざまでしたが、一日実働六時間、完全週休制、超過勤務なし、学校の授業は午前中だけで、昼夕食は家族そろって食べて、余暇にはサンバを踊り、生活を楽しんでいました。日本よりはるかに豊かな印象を受けました。

## 中仏両国の核実験再開

アメリカ、ロシアは九三年に入ると、戦略核兵器を三分の一に削減する「ＳＴＡＲＴⅢ条約」に調印しました。これは、戦略核をそれぞれ米国三五〇〇発、ロシア三〇〇〇発に減らすという内容でした。しかし、両国は依然、「核抑止論」に立ち、広島型原爆二〇発に匹敵する核兵器を保有していました。ブッシュ政権に代わって登場したクリントン政権もまた、「核兵器の永続的保有」を公言していました。

九三年の十月、私は、ロンドンで開かれた国際平和ビューロー（ＩＰＢ）諸国会議の総会とセミナーに原水禁世界大会実行委員会運営委員会代表として、七人の代表団（団長・赤松宏一原水協事務局長）の一員に加わりました。

当時、日本の首相は日本新党の細川護熙氏で、「冷戦は終結し、保革の対立はなくなった。ＮＰＴ条約の無期限無条件延長を支持する」とし、世界的にもその風潮が広がっていました。

私たちは、事前の打ち合わせで、「冷戦終結論」とNPT評価をめぐって激論が交わされるものと予想していました。IPBには四〇カ国、一二八の会員組織が加わっていましたが、NPT条約期限付き延長に反対したのは日本だけで、保留一、あとは全員賛成でした。このような結果になろうとは、思いもよらないことでした。

赤松さんと私は、二人で延べ三時間に及ぶスピーチを通じて、核保有国（当時五カ国）が、核独占する差別的で不平等な条約は不合理であると説きつつ、NPT条約が役に立たないということを述べました。会場は、私たちの訴えによく耳を傾けてくれるのですが、採決の上では、日本は孤立した形となりました。八〇年代に嘲笑の対象だった核廃絶論は依然として多数派ではなかったのです。

他方、「核兵器の使用は、国際法上違法である」という動きも強まりつつあり、九四年、世界保健機構（WHO）が五月に開いた総会で「核兵器の使用が健康や環境上の観点から国際法上違反かどうか」の判断を国際司法裁判所に求める決議を挙げました。ところが日本政府は、唯一の被爆国でありながら、この決議に棄権しました。

そして、日本政府は同裁判所から求められ、「核兵器の使用は（純粋に法的観点から言えば、今日までの諸国の国家慣習や国際法学者の学説等を客観的に判断した場合、今日の実定国際法に違反するとまでは言えないが、）その絶大な破壊力、殺傷力の故に、国際法の思想基盤にある人道主義の精神に合致しないものであると言える」とした意見陳述を用意していたことが報道で明るみに出ました。細川首相が当初、（　）内に——国際法に違反するとまでは言えない——を入れていたことをめぐって、平和・被爆者団体から厳しい批判を浴びました。

九三年に登場した民主党のクリントン政権は、九五年五月、日本政府を手下に、ＯＤＡ（政府開発援助）をちらつかせるなどして、ＮＰＴを無期限延長させました。その雰囲気が一挙に変わったのは九五年五月、中国が核実験を再開したこと、次いでフランスもムルロア環礁で核実験の再開を決めたことがきっかけでした。

フランスは、九五年九月から九六年一月まで連続六回もの実験を強行、これに対する世界的批判が一気に高まりました。当時、中止を求める態度を表明した国は、国連加盟国の八割を超える一五〇カ国に達しました。

## タヒチへ抗議に

被爆五〇周年を迎えて開かれた九五年原水爆禁止世界大会実行委員会は、すぐさま九月一日から一一日まで、フランスの核実験再開決定に抗議する代表団を派遣することになりました。私は、自治労連の代表として現地へ行くことになり、二四人の日本代表団を組織し、団長に金子満広氏（当時日本共産党副委員長）、私が事務局長で、日本から約一万キロメートル離れた仏領ポリネシア・タヒチに向かうことになったのです。

フランスは今日、「9・11テロ」を口実としたブッシュ政権のイラク攻撃に厳しい態度で臨みましたが、ムルロア環礁での核実験に際しては、核兵器の維持、新たな核兵器の開発のための技術開発を主張していました。

タヒチ訪問時に子どもたちと＝1995年9月

## 警察官もVサイン

ムルロア環礁でのフランス核実験再開に抗議して、タヒチ行動日本代表団は一九九五年九月一日、日本を出発しました。九月二日には、タヒチで国際連帯抗議集会が開かれ、これには一七カ国から、百数十人の国会議員も参加しました。

一〇〇〇人が集まったこの集会には、日本から超党派の国会議員二三人が出席、日本共産党の笠井亮参院議員もその一人でした。翌日のヌーロアビーチ公園で「核兵器のない世界をめざす国際議員連盟」が結成されました。

私たち日本代表団は、二三時間に及ぶ長旅にもかかわらず、タヒチ、ヌイ島一周一七キロの平和行進に加わりました。日本代表団は行進の先頭に案内され、マオイ語で「エイアハ・ミテファロ・アトミ（核実験反対）」と叫びながら、日本語、フランス語で書かれた横断幕を掲げて歩きました。

車はクラクションを鳴らし、警官もVサインをして連帯の意を表してくれました。「ヒロシマ・ナガサキアピール署名」にも、短時間で一〇〇〇人を超える署名が集まりました。

ところが、核実験が強行されたとたん、現地の様子が一変するのです。「タヒチはフランスの植民地だ。植民地法により、ヒロシマ・ナカサキアピール署名を町中で呼びかけるのを許可しない」というのです。

## 滞在中に事件が頻発

実験後、現地にある、フランス、中国のデパートが放火され、空港で飛行機が爆破されるなど事件が頻発したからでした。そんなこともあって、予定していた演説も中止せざるをえなくなりました。私たちが宿泊していたホテルの部屋も軍隊に監視され、電話も通じず、身動きがとれない状況に置かれました。また、後に判明したことですが、ホテルの部屋での私たちの会話も当局に盗聴されていました。

抗議団はこうした状況下にもかかわらず、原水爆禁止世界大会の報告「被爆五〇周年・世界へのよびかけ」基づいて活動し、タヒチの人々をはじめ、世界の核戦争阻止、核兵器廃絶を願う人々と連帯を広げ、たくさんの成果を得て帰国しました。非常に残念なことに、当時のフランス、中国の核実験による被害者がタヒチや国境を越えてカザフスタンにもいますが、中仏両国は、いまだにこうした被害者の存在を公式に認めていません。

また九五年九月四日、沖縄本島で起きた米海兵隊員による少女暴行事件が発生し、沖縄で大抗議運動が行われました。事件はその残忍性とともに、屈辱的な日米地位協定の実態を日本全国にあらためて知らせることになりました。地位協定の抜本的な見直しは、沖縄県民にとって悲願ともいえる要求です。しかし、米側は二〇〇四年、起訴前の米軍容疑者の取り調べに軍関係者の立会いを要求し、不当にもこれを日本政府は認めることを決めました。

## 認められた核廃絶の主張

核不拡散条約は、事実上、破綻すると同時に、核兵器廃絶は世界の緊急課題として浮上してきます。翌九六年四月一日から一〇日まで、私たちは、団長を私に、アメリ

ネバダの核実験場近くで。左から3人目が井上美代さん、その右がガリスコ氏と私。1996年4月

カの平和運動家から招待され、核実験場がある米ネバダ州やラスベガスの大学で開かれた全米平和集会に出席しました。

この集会は、「核の鎖を断ち切ろう」をスローガンにした「核廃絶サミット」と呼ばれ、ネバダ核実験場で「地球の傷を癒す」春の集会が開かれました。サミットには、日本から私、新日本婦人の会会長の井上美代さん、日本被団協から広島、長崎の被爆者が出席しました。海外代表は一七カ国、三五団体が集まり、米国内の反核・平和運動関係者計一一〇人が終日、熱心な討論を行いました。

催しを呼びかけたのは、二〇を超す草の根の平和団体で、その中には「ヒロシマ・ナガサキアピール署名」に取り組んできた団体で、核兵器禁止をアメリカの憲法に盛り込ませる運動を進めている「プロポジション・ワン」、かつて核兵器凍結運動を進めてきた「SANEフリーズ・ハワイ支部」などが含まれていました。

画期的だったのは、米国の平和運動があまり積極的でなかった核兵器廃絶を運動の真正面にすえたことでした。開会に先立ち、ネバダ大学から米エネルギー省ネバダ事務所まで炎天下、約七キロの平和行進が行われました。

開会総会では、居住地内にネバダ核実験場があるアメリカインディアン、ショニ族の代表が主催者を代表してあいさつし、長崎の被爆者がパネル討論で被爆体験を語りました。各国のスピーチの中でも、日本代表団のものが最重要視され、米国の「広島・長崎平和委員会」のジョン・スタインバック氏は、反核平和運動の五〇年の歴史を振り返りながら、「われわれの運動は大きな変化をもたらした。それは核兵器について地球的な規模で意識を呼び起こしたことだ。いまや究極の目標とされてきた課題が、期限を区切った核廃絶要求運動が主流になってきた」と述べました。

総会、分科会、シンポジウムで日本からの参加者は、ＣＴＢＴ、核燃料、被爆者、軍事ブロック、沖縄問題、日米安保などについて積極的に発言し注目されました。各国の代表の中からも、核不拡散条約（ＮＰＴ）の無期限延長に反対した日本代表の態度は、全く正しかったと反省の言葉がありました。

それを聞いたとき、かつて、非核の政府を求める会の会合で、私が国際平和ビューロー（ＩＰＢ）の総会で日本が孤立したことを報告したところ、亀田得治さん（故人）から、「ご苦労様でした。われわれの正しい主張について、ヨーロッパの人々も必ず理解するときがくる」と励まされたことを感慨深く思い出しました。

「地球の傷を癒す」行事は、実験場近くの砂漠に、色とりどりのテントが張られた場所で行われました。バス、トラックを連ね、数千キロの道のりを何日もかけてやってきた各層、各宗派の人びとは、そこで共同の自炊生活をしながら核を巡るさまざまな討論をしました。その際、原水爆禁止世界大会に出席する「被爆退役軍人」のガリスコ氏から西海岸をバスで遊説する運動に、日本の被爆者を派遣して欲しいと依頼されました。

こうして世界の世論はようやく核兵器の廃絶を緊急課題として動き出したのでした。九八年に核保有国である中国が、核廃絶条約の締結を求め始め、九九年からは、新アジェンダ（新しい課題）連合が提案した同条約に賛成票を投じます。核保有国にあって政府レベルで態度表明をしたのは評価していいでしょう。

しかし、いまでもフランスは棄権し、ロシアは米国がいう先制核攻撃戦略を完全に棄てるところには至っていません。インド、パキスタン、イスラエルも棄権しています。国連の軍縮特別委員会、本会議でもその態度を変えていません。

Column

## もう一度訪問したいインド

一九九八年、一二月もおしせまった時、突然「インド訪問団の一員に加わってほしい」と要請され、私は出身地ヒロシマの年明け早々の市長選挙を目前にして、気の重い旅の準備が始まった。

インドに関する何の予備知識もなく、急きょ「インド現代史―独立五〇周年を検証する」（賀来弓月著、中公新書）、「地球の歩き方・インド」（ダイヤモンド社）に眼を通し、旅費四〇万円を捻出するため、電話とファクシミリによるカンパの依頼活動を年末、年始と懸命に取り組んだ。カンパにメドが立ったのが出発の数日前。入国ビザが出発の前日におりたが、正月早々からの風邪の回復もままならず、出発前日に三時間余の点滴という体調で、まことに心細い旅立ちだった。

しかし、ニューデリーに降り立つと、チャンドラ氏やジャヤプラカシュ夫妻、遠藤赤旗記者はじめ、大勢の人びととの熱烈な歓迎を受け、「全力でインドの平和勢力との連帯を強めるために力をつくそう」と決意した。

■　過密スケジュール

それにしても、インドで私たちを受け入れてくれる人びとが練り上げ、何回も調整して作成されたという旅行スケジュールを出発前日に初めて見たときは、その超過密日程にあきれかえり、私を含め、団員全員が無事に帰国できるかと本気で心配したものだった。

誰かが一時体調を崩すことはあったものの、団員が助け合い、協力して全日程どおり以上の活動を繰り広げ、インドの平和勢力と連帯交流を深めることができたのは何よりであった。

Column

今回のインド訪問は、私なりに整理すると、次のような成果があったものと思う。

第一は、九八年世界大会がよびかけた国際共同行動の一環としての重要な行動として、インド大統領、政府関係者をはじめ、各層の人びとに会い、非暴力、非同盟の伝統に立つインドが「核のオプション」にこれ以上走ることなく、すみやかな核兵器廃絶の道をとるべく、イニシアチブの発揮を求めることが目的の一つであった。

これについてナラヤナン大統領、グジュラル前中央政府首相、ジョディ・バス西ベンガル州首相（CPI－M＝インド共産党マルクス主義＝政治局員）、インド共産党（CPI）のバルダン書記長、CPI－Mのイエチュリ政治局員ほか六名の政治局員、ソニア・ガンジー国民会議派総裁らとの会談が実現した。これは、核実験を行った与党・人民党とその連立政権参加政党以外のすべての全国政党の幹部らと懇談したことになる。

■ タイミングよく

日本からのいずれの団体の訪問団もこれまでやりえなかった行動であり、実現できた背景には、日本の原水爆禁止世界大会や日本原水協の長年の活動を、面会者たちがよく知っていたことがある。第一回以来掲げつづけてきた「核戦争阻止、核兵器廃絶、被爆者救援・連帯」のスローガンの一貫性、系統性、国際性に確信が持てたことが大きな成果であった。

第二は、実にタイミングのよい時期に訪問したことから、各地で熱烈な歓迎を受けることができたということである。CPI－バルダン書記長は、「核兵器、各政策にたいしての全国的会議を行ったところであった。全国で、この運動をひろげていこうという時期に日本代表団を迎えてタイミングのいいものだ」と語り、CPI－Mのイエチュリ政治局員も、「一月二六日は共和国記念日だが、州政府が、政府の

Column

核政策に反対するパレードを行う。このようなことは今までにないことだ。今年は、これまでにない反核平和運動の発展が見られる。みなさんが、インドに来られたことに感謝している」と語った。

インド労働センター（CITU）の幹部は、「われわれのこれまでの運動は、中央政府の非核・非同盟政策を支持するだけの運動だった。〝草の根〟の運動の経験はない。日本の運動から学びたいと願っていたちょうどいい時に来てくれた。『ヒロシマ・ナガサキからのアピール署名』も機関で討議して本格的に取り組むつもりだ」との決意を述べてくれた。

州知事、市町村長や各団体も同様な感想を述べていた。

■ 被爆写真に強い印象

第三は、日本の被爆者の話や写真パネルなどで実相をはじめて知ったという人たちから、大変な反応があったことである。有名なインドの世論調査では、四七％の国民が核実験を知らないとのこと。また、知っている人も、単に大型爆弾を持ててインドは力をつけてよかったと、核兵器の大量破壊兵器としての性質や放射能の影響などの恐ろしさが知られていないのが実態だった。

二人の被爆者の話や、持参したパネル、被爆組写真の展示は強烈な印象を与えたようだった。核兵器廃絶へ向けての一定の世論喚起に貢献できたものと思える。

第四は、インドのマスコミ各紙が、日本では考えられないほど、好意的に、正確に、しかも連日報道してくれたことである。行く先々で、「テレビで見た」「新聞を読んだ」とインドの人びとから話しかけられた。インドの友人は、「恐らく数億人は見ただろう」と言っていた。

今年にはいってから、とくにパジパイ人民党連立政権の核政策、経済政策にたいし、怒りの声が強まりつつある折の訪問で、世論は内閣に批判的な大統領側にあり、野党側に移りつつあったことにもよる

Column

と思われるが、実によく報道してくれたものだ。

第五は、多彩な項目の質問ぜめにあって、時間不足もあり少々まいったこともあった。彼らは、実に日本のことをよく勉強していると思った。「まだ、武士はいるのか」という質問があった。「一三〇年前からいなくなった」と答えたが、いぶかしそうな顔をするので、「侵略戦争に反省しない軍国主義者の亡霊がまだ残っている」、「われわれは、アメリカ帝国主義と日本独占資本とたたかっている」と答えると満足げに笑った。日本のことを聞きたい、勉強したいという気迫がつたわってきた。限られた時間での交流なので中途で切り上げることが多かったのはやむをえないが、連帯は深まったと思う。

睡眠不足と超過密スケジュール、とてつもなく辛い食事、公式会見、集会、記者会見は五〇回を上回るという緊張の連続であったが、帰国の途につくときには日本を出発する時の重い気分は晴れて、「本当にインドに来てよかった。また、是非訪問したい」という気になった。思い出深い旅のひとつになったというのが、いつわらない気持ちである。

（一九九九年二月発行の「インド核兵器廃絶訪問交流団報告集」から）
※なおインドでは、二〇〇四年五月の総選挙で、ソニア・ガンジー総裁が率いる国民会議派が勝利した。

## 初めて大統領と会談

九九年一月には、原水爆禁止世界大会実行委員会の運営委員会を代表してインドを訪問しました。これは、同国が核実験を実施したことから、核兵器の開発を断念すべきであると訴えるのが目的で、当時のナラヤナン大統領（国民会議派）とも会見しました。会談は当初一五分の予定を大幅にオーバーし四五分間に及びました。

平和運動を通じて、さまざまな人と会うことができましたが、大統領と直接面談したのは、これが初めてでした。

現地では、一六都市・八〇〇〇キロを回りましたが、まさに国民的な大歓迎を受け

インドのナラヤナン大統領と握手する私＝1999年1月

ました。政府はインド人民党（アタル・ビハリ・パジバイ総裁）が支配していましたが、大統領は国民会議派に属し、対立関係にありました。同国では、大統領が反対でも、議会で承認すれば可能ということから核実験をしたのでしょう。

ちなみに国民会議派は非暴力主義・非同盟運動を推進したガンジー、ネールが代表的指導者として知られています。

実は、事前の申し入れでは首相との会見もセットされていたのですが、突然、中止されてしまったのです。この背景には、日本政府の働きかけがあったと思われます。日本の外務省は、パジバイ内閣に対し、われわれと接触しないことと引き替えに、中断されていたＯＤＡ（政府開発援助）を再開するといったのです。私たちが会うはずだった時間に、ＯＤＡ再開のための会議を急きょ入れて首相との会談をキャンセルさせたことが、後日の新聞報道などで分かりました。

ちなみに、インドに対する経済援助は、日本が最も多く、世界で鳴門大橋に次いで長い橋を架けたのもＯＤＡによるものです。もちろん、日本の企業が施工したのですが……。

二〇世紀最後の年になってようやく国連総会は、核兵器廃絶を決議しますが、ただし、インド、パキスタン、イスラエルが反対し、フランスが棄権しました。それ以外の核保有国は、アメリカを含め、すべてが賛成しました。それがきっかけとなって、日本政府も「究極的廃絶」という表現を使わなくなりました。

## 阪神大震災のこと

一九九五年一月に発生した阪神大震災は、忘れることのできない事件でした。一月一七日朝、私は北九州市の市長選挙応援のため、福岡へ向かっており、その機内から無残に崩れた神戸とその周辺の市街地を見下ろしながら、心が痛みました。

選挙応援を早めに切り上げると、その足で名古屋空港へ向かい、近鉄で京都へ、阪急で西宮まで行きました。西宮北口駅から先は、不通になっており、とりあえず西宮市を拠点に被害状況を調査することが自治労連副委員長としての仕事でした。

M7・2、震度7の大地震は、神戸市を中心に西宮、芦屋、淡路島、そして大阪まで被害は広がり、死者六四〇〇人、仮設住宅での孤独死二三〇人、重軽傷者四万三〇〇〇人、家屋の損壊五一万、最高時三五万人の避難者を数えました。兵庫自治労連の関係者もこの中に含まれ、西宮市職労、阪神水労各二人、芦屋市職労三人、芦屋市現業労組一人、計八人の尊い命が失われました。

震災から三日後の二〇日に現地対策本部の設置を決め、救援募金、人的支援、被災者の日常生活の確保、電気・水道などライフラインの復旧に取り組みました。救援募金は、あっという間に集まり、自治労連が集約した分だけで、七月中旬までに二億四一〇〇万円を超えました。

## 力発揮した自治体職員

感動的だったのは、自治体労働者が自らの家庭の惨状を顧みる間もなく、被災者の救済・自治体機能の回復のため昼夜を分かたず身を粉にして奮闘したことでした。

西宮や芦屋の市役所では、緊急事態のなか、その献身的で、的確な仕事ぶりに市長、助役ら理事者から感謝され、「こういうときに、労働組合の幹部のみなさんの働きはすごい」との感想を耳にし、いざというときに、役に立つのは住民の生活をよく知っている労働者であることに確信を持ったのでした。災害出動してくる自衛隊に適切な指示をするのは、こうした職員たちだったのです。

西宮市職労が震災から一年二カ月後にまとめた記録集「住民本位の復旧・復興を願って」の中には、当時の連日発行された市職労本部、支部のニュース、取り組みが生々しい被災写真とともに編集されています。これは、今後も起こりうる自然災害に際して、自治体労働者が何をなすべきかを示す貴重な記録です。

救援活動に参加した組合員は、二二都府県、それに本部を合わせ約九〇〇〇人に上りました。私は、最初の調査活動のほか、神戸市東灘区などで業務の手伝いをしましたが、被害のひどかった長田区を訪れたときは、広島が原爆で焼け野原になった光景とも重なって、胸が詰まりました。

## 北海道南西沖地震でも

大震災にかかわって、もう一つは一九九三年七月に襲った、北海道南西沖地震があります。同年七月一二日午後一〇時過ぎ、北海道と東北地方を中心に震度5（M7・8）の地震が発生し、なかでも奥尻島青苗地区では、十メートルを超える大規模な津波とその後発生した火災により、さながら「空襲の跡」のような被害が起きました。自治労連では一二人の調査団を派遣し、被災町村を激励しました。

この震災による死者・行方不明は二三〇人に上りました。自治労連ではこのときも義援金を募り、一二月下旬までに七七〇〇万円を超えました。そのカンパを現金で現地へ持参したのが私でした。函館空港で、北海道自治労連の役員と会うまでは、もしものことがあったらいけないと、数千万円が入ったかばんをしっかりと胸に抱え、非常に緊張していたことを思い出します。

## ようやく消えた究極廃絶

二一世紀は、本来なら私たちが長年にわたって運動してきた「核兵器のない世界」へ向かって展望が開けるはずでした。それを象徴した出来事が、二〇〇〇年四、五月に開かれた核不拡散条約（NPT）再検討会議でした。

ここでは核保有国による核兵器廃絶の「明確な約束」を明記した最終文書を採択し、同年一一月一一日に開かれた第五五回国連総会は、新アジェンダ連合（注）が中心になって提案した核廃絶決議を賛成一五四、反対三、棄権八の圧倒的多数で採択しました。

会議では、広島の秋葉市長も「核兵器廃絶への期限付き日程の策定」を強く求めました。こうしたなか、「究極的廃絶」に固執していた日本政府もようやく態度を変え、米国も同調して賛成せざるをえない世論が形成されたのでした。

新アジェンダ連合　核兵器廃絶をめざして共同行動をとっている七カ国のこと。スウェーデン、ア

イルランド、ブラジル、メキシコ、ニュージーランド、エジプト、南アフリカが加盟している
(二〇〇四年現在)

しかし、こうした世界の動きを裏切ったのが二〇〇一年の大統領選挙で勝利した息子のジョージ・ブッシュでした。彼はいわゆる新保守主義者のバックアップを受け、国連も国際法も無視した「一国覇権主義」「単独行動主義」に走りました。とりわけ、二〇〇一年九月一一日のニューヨーク貿易センタービルへの航空機突入、ペンタゴンなどへの「自爆テロ」をきっかけに、英ブレア政権とともに二〇〇三年三月二〇日、イラク攻撃に踏み切り、国際世論の厳しい批判にさらされました。

ブッシュ政権が攻撃の根拠とした大量破壊兵器は数々の証言から、元々なかったことが明らかになった今、なおも米軍はイラクの占領を続行し、戦局は「第二のベトナム化」になりつつあります。また、スペインの部隊は新政権の下で撤退し、当初三八カ国あった「有志連合軍」にも亀裂が広がり、撤退する国が増えつつあります。

二〇〇四年二月、第二次大戦後初めて自衛隊を戦闘地域であるイラクへ派遣した小泉政権は米国への追随をやめないばかりか、米軍の戦争を支援する有事関連七法案を国会に提

出し、日本の国土と国民をこれに巻き込む危険な政治を進めています。

第二次大戦後制定された日本国憲法には、国連憲章の平和の精神が盛り込まれています。「恒久平和」を明示した前文、「武力による威嚇」「武力行使」と戦力の不保持を定めた第九条がそれです。第二次大戦後、日本が重要な岐路に立った今、この憲法の精神こそ最も大事にしていかなければなりません。

一九〇一年に独立国は五二カ国でしたが、一九五〇年には八九、そして二〇〇一年には一九四カ国へと一世紀で三倍以上に増えています。いずれの国とも軍事同盟を結ばない非同盟諸国会議には二〇〇四年現在一一六カ国・地域が加盟しています。これらの国々で実に世界の人口中、七八％を占めるところまできています。

日本の政治とその進む道が世界の本流から外れ、孤立しつつあることはいまや明らかです。その主要な原因の一つとして、民意を正しく反映しない選挙制度により、世論と政治（議会）が著しく乖離《かいり》していること挙げられます。

毎日新聞の世論調査を見ると、二〇〇三年一月四日付発表されたものと、〇四年一月五日付で、「安保条約をなくし、平和友好条約にすべきだ」という回答は、いずれも五二％で、ほとんど変わっていません。

自民党、民主党、公明党も憲法を変えたがっているなか、国民の大多数は憲法九条を守るべきだと思っています。朝日新聞の世論調査は「守るべきだ」が七四％、ＮＨＫの〇二年の調査も「九条の改正は必要ない」が五二％でした。

日本が六〇年近く戦争をいっさいしないでこられたのは、この憲法があったからです。世界がいま、日本の憲法を手本に、世界から紛争をなくすため、自国の憲法に日本国憲法の精神を導入しようという動きもつよまりつつあります。私たち日本人は、このことを大いに誇りにし、アジアから平和の声と流れを大きくしていかなければなりません。

### ＡＰ通信社が選んだ「20世紀の20大ニュース」ランキング

1位　広島・長崎への原爆投下（1945年）
2位　ロシア革命（1917年）
3位　ナチス・ドイツの侵攻で第２次世界大戦勃発（1939年）
4位　米国宇宙飛行士の月面歩行（1969年）
5位　ベルリンの壁崩壊（1985年）
6位　ナチス・ドイツの敗北（1945年）
7位　オーストリア皇太子暗殺で第１次大戦開戦（1914年）
8位　ライト兄弟の飛行機発明（1903年）
9位　ペニシリンの発明（1928年）
10位　コンピューターの発明（1946年）
11位　アインシュタインの特殊相対性理論（1905年）
12位　ケネディ米大統領暗殺（1963年）
13位　エイズウイルス出現（1981年）
14位　ウオール街株暴落（1929年）
15位　ソ連崩壊（1991年）
16位　国際連合の設立（1945年）
17位　ソ連の人工衛星打ち上げで米ソ宇宙開発競争（1957年）
18位　日本の真珠湾攻撃（1941年）
19位　中国で民主主義革命（1949年）
20位　イスラエル建国（1948年）

# 第10章　「地方分権一括法」と「有事法制」

## 「地方分権」と「戦争法」を考える

日本原水協は、核兵器廃絶をめざす草の根の世論・運動を重視してきました。同時に国民・地域住民の切実な願いを「非核自治体宣言」運動や「非核港湾条例」制定運動に結実させてきました。

世界で唯一の被爆国日本では、すでに全国の地方自治体の七五%以上が「非核自治体宣言」を行い、日本国民の七割以上がここで生活しています。

ところが、自自公の数の力で「戦争法」成立につづいて「地方分権一括法」や「住民基本台帳法」などが強行採決されました。これらは「地方分権」「地方自治の拡充」どころか、国と地方の関係を「対等平等の関係にする」といいながら、地方自治体への国の統制を強化する内容も含んでいるのです。

また、現在約三〇〇〇の基礎的自治体（市町村）の数を三分の一の一〇〇〇に減らす「市町村合併特例法」とか、地方議員定数の削減を押し付け、個別法（港湾法、水道法、消防法、米軍用地特別措置法）などを改悪しました。

一九九九年、高知県で橋本県知事が非核港湾条例の提案をしたところ、外務省が介入しました。これからは自治体のすべての仕事に国の権力的関与を広げ、個別法で国の代執行を可能にし、「自治事務」であっても、従来「是正の要求」ができるのは総理大臣でしたが、各大臣に強い統制力を与えました。

政府の反動的意図を見抜き、矛盾をついて、新たな運動をすすめるために、これらについて考えてみます。

## 地方自治は世界の流れ

戦前の日本は「地方制度」はあったものの、「地方自治」は存在しませんでした。日本国憲法には、第八章を「地方自治」にあて、中央政府の政治（第四章・国会、第五章・司法）とともに地方自治を重視しています。第九二条は、「地方公共団体の組織及び運営に関する事項は、地方自治の本旨に基づいて、法律でこれを定める」と、法律をもってしても、「地方自治の本旨」に反する地方公共団体のあり方を定めてはならないとしています。

「地方自治の本旨」とは、一般的に「住民自治と団体自治」といわれています。今日、世界的にも、中央集権政治が行き詰まり、地方分権の強化が求められています。

ヨーロッパでは、一九八五年に、多国間条約として「ヨーロッパ地方自治憲章」が成立し、国際地方自治体連合が「世界地方自治宣言」を発表しました。

わが国でも「二一世紀を地方自治の時代」と、全国二〇団体の共同により、「地方自治憲章（案）」が九七年三月に発表されました。前文で「私たちは、日本国憲法の平和的民主的諸原則の先駆性、普遍性を発展させ、二一世紀を地方自治の時代にするために、ここに地方自治憲章を宣言する」とうたっています。

## 九条と九二条の関係

日本国憲法の第九二条から九五条までの四カ条で、わざわざ地方自治を保障したのは、直接には第二次世界大戦に敗れたことで、中央政府が地域のすみずみまで強大な権力を及ぼす中央集権によって、軍国主義者、軍人が政治のあり方をつらぬこうとする軍国主義を否定するためだったといわれています。

自治ということばは歴史上「国家」という強大な力をもつ政治団体が成立してからは、もっぱら中央政府のおこなう仕事に対立するものととらえられるようになり、地方自治とよばれるようになったのです。

そして、住民自らの意思と責任を、ある団体をつくることで表し、国家権力から独立して一定の権能を発揮させたのが「団体自治権」です。

戦前は港湾、空港の管理は国の仕事でした。戦後は、憲法第九条と九二条との関係から、港湾、空港に管理を地方自治体の仕事にして、地方自治法第二条で例示したのでした。

数ある地方自治に関する法律のうち、基本法である「地方自治法」をはじめ、多くの関係法規が例外なく憲法と同時施行されました。憲法九条と深いかかわりを持たせて第九二条を定めたことを考えるとき、改憲の危険な動きが急ピッチである最近の情勢下で、日本国憲法と地方自治を守り発展させる今日的意義は、はかりしれません。

ところで、「戦争法」が成立し、引き続き「地方分権一括法」「省庁再編法」「住民基本台帳法」「盗聴法」「日の丸・君が代」法制化などは、関連し一体的に日本国憲法と地方自治の精神に違反するものといわなければなりません。

「新ガイドライン」は日米安保体制のもと、日本の軍事力強化とアジア太平洋地域におけるアメリカの核戦略体制の維持を確認し、日本のすべての行為は、「その時々において適用のある国内法に従う」とうたいました。政府は九八年四月に「新ガイドライン関係法」を上程、九九年五月に自自公の数の横暴で強行可決したのでした。

## 戦争法の発動を許さない

日米安保体制のもとでの「戦争法」の発動を許さないたたかいは、地方自治体で非核港湾条例とか平和行財政条例をつくることが、一つの有効な手段です。ところが「戦争法」可決後あいついで成立した前述した法律は、戦争遂行に必要な自治体や民間の協力を、あたかも「義務」であるかのように思わせる姑息《こそく》な条文を二重、三重に織り込んでいます。

周辺事態法は、政府に地方自治体や民間への戦争協力の要請をおこなう権限を与えました。しかし、これはあくまでも「協力」の「要請」であり、地方自治体に戦争協力を強制できるものではなく、義務づけるものでもありません。

私たちは、自治体が戦争協力を拒否することができると強調し、拒否することを求めて、自治体の首長や議会関係者との懇談をくりかえしてきました。

## 強まる国の関与

ところが、地方分権一括法によって、国の関与がさまざまに強化されたために、すでにいろいろなことが起きています。ある県庁では、「周辺事態に際して我が国の平和及び安全を確保するための措置に関する法律第九条に基づく協力要請への対応体制について」（通達）を発し、「協力要請への対応体制」「対応手順」（関係課一覧）や、「市町村、民間に対して依頼する項目の調整項目」（一覧表）を文書化し、「事務処理に遺漏のないようお願いします」としています。

また、ある大きな港湾を管理する県と市は、「周辺事態方第九条第一項の規定に基づく国からの協力要請を検討するため、本組合に周辺事態安全確保対応委員会を設置する」、「委員会は次の事項を審議する」としました。そこでは、「①事態法第九条一項の規定に基づく国からの協力要請に対する諾否、②前号により派生する事項」の要綱を作成し、「平成十一年十一月一日から施行する」としています。「諾否の検討」とありますが、国からの要請があればこれに応ずるかのように読みとれます。

## 地方自治体は拒否できる

「周辺事態法第九条一項」は単に「必要な協力を求めることができる」という条文のみで、自治体が「求めに応じなければならない」という法的義務は、条文のどこにも存在しません。そこでは、民間に「必要な協力を依頼する」としています。もちろん、「依頼」の域を出るわけがなく、当然拒否できるものです。

一項は「地方公共団体の長の有する権限の行使、例えば公共施設の使用に際しての許可について、『協力を求める』ことができる旨を規定するものである。協力の求めを受けた地方公共団体の長は、求めのあったことを前提として、権限を適切に行使することが法的に期待される立場に置かれることになる。これを一般的協力義務と呼んでいる」（内閣安全保障、危機管理室、防衛庁、外務省「解説（案）」、九九年七月）。

二項は、「上記の権限行使以外の事項、例えば人員・物資の輸送」について、国以外のものに『協力を依頼する』ことができる旨を規定するものである。この場合、協力の依頼を受けた者は、自らの判断で輸送契約の締結等の対応を行えばよく、なんら協力義務を負うものではない」（同、九九年七月）。

全国知事会の説明の場でも、「公立の病院であっても、九条二項での依頼になりますので、これは正当な理由云々の議論なく、まさに自らの判断で対応していただければいいということでございます」（全国知事会との質疑応答議事録）と答えています。

## あいまいな法解釈で

政府は、「一般的義務規定」というあいまいな概念規定でごまかし、「法律解釈」の名であたかも義務があるかのようにみせかけながら、「正当な理由」がなければ、拒否できないという論理を展開しています。

「一般的な協力義務とは、政府全体として対応を行っている周辺事態に際して、閣議決定された基本計画を踏まえて協力の求めがなされた場合、かかる求めがあったことを前提として、権限を適切に行使することが法的に期待されるということであり、例えば、公共施設の使用について許可を行う義務が生じるということではない。従って、例えば、使用内容が施設の能力を超える場合等、正当な理由がある場合には、地方公共団体の長は協力を拒むことができる。拒否の事由が正当な理由にあるか否かは、個別具体の事例に即して、当該権限について定められた個別の法令に照らして判断されることになる」（政府の「解説」（案））。

## 四七五本を一括で

問題は、「正当な理由にあたるか否かは、個別の法令に照らして判断される」とする個別法が、基本法である「地方自治法」の全面改正を柱に、水道法、消防法、港湾法、都市計画法、自衛隊法一〇三条にかかわる改正など、ほとんど審議らしい審議もないままに、日本の全法律一六〇〇本の約三分の一にあたる四七五本の法律改正が「地方分権一括法」によって一挙に強行可決されたことです。

このうち防衛庁関係は、「米軍用地収用特別措置法」、「自衛隊法の一部改正」（第一〇三条=自衛隊の防衛出動時の業務命令は都道府県の法定受託事務にする。緊急を要すると認めるときは、長官又は政令で定めるものは…自らこの権限を行うとする国の直接執行）など六本。また、「戦争法」にかかわるものとして、自然公園法、医師法、医療法、水道法、廃棄物の処理及び清掃に関する法律、火薬類取締法、港湾法、道路運送車両法、鉄道事業法、建築基準法、道路運送法、土地収用法、道路法、河川法、都市計画法、消防法などの一部改正が行われました。

地方自治法の「改正」により、「機関委任事務」が廃止され、「国の直接執行事務」、「法定受託事務」、「自治事務」の三つに分けられましたが、国の仕事である「法定受託事務」は自治体で行われます。それぞれの省庁にかかわる法律「改正」の中身も、地方自治体の仕事として遂行されます。

## 「戦争法」に対応して

米軍用地特措法改悪……米軍用地のための土地とりあげ（収用）や強制使用にかかわる手続きを、直接国がとりしきることにしました。第一は、知事や市町村の権限となっている土地調査への「代理署名」や国の申請書の「公告・縦覧」といった事務を、国が直接おこなうことにしたことです。

沖縄県で、地主の訴えや米軍基地被害の実情を知る市町村長や知事が、「代理署名」や「公告・縦覧」を拒否し、住民の利益を守る立場に立ちましたが、今回の改悪でこれを封殺したのです。

第二は、「緊急裁決制度」を創設したことです。国会が緊急裁決の申し立てをすれば、収用委員会が原則二カ月以内に裁決しなかった場合や、却下した場合に、収用委員会に代わって首相が土地とりあげや、強制収用を決められるようにしました。こうなると、収用委員会の審理はまったく空洞化されます。

港湾法……もともと戦争をしない、港は軍事利用があってはならないとして、港湾の管理を自治体の首長に委ねていました。

政府は、自治体が米軍艦船の入港、施設利用を拒否した場合、港湾法にある「不平等取り扱い禁止規定」をつかって運輸相が「変更命令」を出せるなどと答弁してきました。これ自体、旧自治体法を悪用し、民間企業に対する「不平等取り扱い」を禁止した港湾法の趣旨をゆがめる解釈でした。

そこで、政府は港湾法四七条（不平等取扱の禁止）に二項目を起こし、「運輸大臣（現在は国土交通相）の要求があったときは、遅滞なく当該行為を停止し又は当該行為について必要な変更を行わなければならない」という義務規定をつけ加えました。

消防法……燃料貯蔵庫、弾薬など危険物を取り締まるのが消防法です。「改正法」では各施設で許す仮使用の承認などにかんして、自治省（現在は総務省）の指示権限を新たに設け、政府が「公共の安全の維持又は災害の発生の防止のため緊急の必要があると認めるとき」には、自治省が知事や市町村長に事務の処理を指示できる仕組みにしました。

また、「火薬類取締法上の火薬庫の設置許可は、一般的には地方公共団体の長の権限だが、自衛隊が設置する場合は」、通産大臣（現在は経済産業相）の承認に変更されました。ここには、現在の米軍弾薬庫では不足し、臨時の弾薬庫を自衛隊が設置し、自治体の許可を不用とし、自衛隊基地について日米合同委員会で協議する形式をとり、米軍の一時使用から継続使用へとすすめるねらいがあるものと考えられます。

**水道法**……これは、米軍に対する給水にかかわっています。厚生相（現在は厚生労働相）が知事に「水道用水の緊急応援」を指示し、知事がこれを行うことができないと認められるときは、同相が直接おこなえるように自治体の拒否権限を奪う仕組みです。

**建築基準法**……「建設大臣（現在は国交相）は…国の利害に重大な関係がある建築物に関して必要があると認めるときは…」、知事、市町村長の認可がなくとも、代執行ができます。

## ガイドライン関係法

「日米防衛協力のための指針」（ガイドライン）には、「平素から行う協力」として、日本は『防衛計画の大綱』にのっとり、自衛のために必要な範囲内で防衛力を保持する。米国は、そのコミットメントを達成するため、核抑止力を保持するとともに、アジア太平洋地域における前方展開兵力を維持し、かつ、来援し得るその他の兵力を維持する」とあります。

また、「指針及びその下で行われる取組みは、いずれの政府にも、立法上、予算上又は行政上の措置をとることを義務づけるものではない。しかしながら…日米両政府が、各々の判断に従い…このような努力の結果を各々の具体的な政策や措置に適切な形で反映することが期待される。日本のすべての行為は、その時々において適用のある国内法令に従う」としています。

これを受け、「戦争法」及び「地方分権一括法」が決まったのでした。

九九年七月、政府が発表した「周辺事態安全確保法第九条（地方公共団体、民間の協力）の解説（案）」に対し、米軍基地をかかえる一四の都道県で構成する渉外関係主要都道県知事連絡協議会は、七七項目について照会しました。その中で「解説（案）」が、自治体の協力を「一般的な協力義務」としていることに対して、「協力を強制する印象を与える」と説明を求めました。

政府側の回答は、「『法令』に基づき（自治体が）権限を行使することが期待される」との国会答弁を繰り返した抽象的表現しかしていません。周辺事態法は、日本周辺で武力紛争などの周辺事態が起きたときに、日本が米軍に協力することを定めています。同法九条には、国が自治体に対して「必要な協力を求めることができる」と規定しています。

政府の解説書は、協力内容として港湾や空港の使用などを例示し、「正当な理由があれば協力を拒むことができる」と説明しています。協議会側が、「正当な理由」の具体例をさらに示すよう求めたのに対し、回答は「あらかじめ網羅的に示すのは困難」と拒否しました。

## 不当な自治権侵害

全国基地協議会、防衛施設周辺整備全国協議会と内閣安全保障・危機管理室内閣事務官による実務中央研修会（九九年八月五日）の質疑応答では次のようになっています。

問い 「『協力義務に対し正当な理由がある場合は拒否できる。その判断は、当該権限の法令に照らして判断される』とあるが、地方自治体の所管施設にかかわる許認可の判断は、自治体の長の判断と考えるが如何か」

答え 「権限の行使について求めがあった場合、一般的には地方公共団体の判断とされる。ただし、法的にも地方自治体の専管事項となっているわけではない。港湾法で、自治体の対応が不平等取扱に当たる場合、運輸大臣から停止、変更命令を行う規定がある。従って、運輸大臣の判断によって何らかの命令を行うことがある。さらに、裁判によって司法的に争うこともある。判断については個々の法令に照らして判断されるものである」

問い「住民の代表である市議会が、周辺事態安全確保法に対して反対の立場をとっている場合は、それが協力拒否の正当な理由になるか」

答え「協力の求めがあった場合は、法令に従った権限の適切な行使、法的な問題と政治的な問題であり、市議会の反対、住民の反対が強いなどは別問題である。……市議会が反対している、住民が反対しているため、許可しないということは、法令に違反していることになる」

この答弁は、自治権に対する不当な侵害です。

自治体側は、「……周辺住民の理解と協力を得るため、苦慮しているのが実情である」、「法第九条の運用に当たっては、住民生活や地域経済活動に重大な支障の生ずることのないよう……地方公共団体からの意見・要望等に対し、その意向を十分尊重されたい」と、不満と要望の文書を政府に出しており、政府と自治体間の矛盾の深まりを示しています。

## 協力拒否の発言も

二〇〇〇年の二、三月地方議会では、全国各地で「戦争法」と地方分権一括法の関連をめぐって論戦がくり広げられました。

海上自衛隊基地がある広島・呉市議会で奥田和夫市議（共産）が、周辺事態法、地方自治法、個別法である水道法、建築基準法、消防法など具体的に問題点を例示して、国からの協力要請拒否の可能性、要請への対応体制の整備の有無、市議会への報告などを質問しました。

小笠原臣也市長は、「ケースバイケースで行うが、場合によっては拒否することもある」と初めて明言し、マスコミもこれを取りあげました。他の会派議員や市職員、市民の多くが、政府解説（案）を知らず、議会終了後、質問が寄せられるなど関心をよびおこしました。

三月議会で次第に明らかになったことは、有珠山災害対策の関心とあいまって、各地で演習・訓練の想定を災害対策にして、「戦争法」にいう「事態発動」を想定し、事実関係の隠蔽が行われていることです。

## 傷病兵受け入れも想定

一九九九年九月、トルコ大地震被災者支援を名目に、仮設住宅五〇〇戸を積んだ「トルコ共和国派遣輸送部隊」（呉基地所属の輸送艦「ぶんご」、横須賀基地所属の補給艦「ときわ」の乗員四三〇人）は、地中海東部でトルコ海軍と戦術運動、通信、接近運動など共同演習を行い、海外派兵の先取りをしました。

横須賀市と在日米軍司令部は、相互に影響の及ぶような基地内外の火災事故に備え、両者が緊急連絡網づくりに着手、①災害全般にわたる相互の連絡網づくり、②災害時の連絡態勢を確認する訓練が提案されました。九九年四月二二日、衆院ガイドライン特別委で「周辺事態」のさいに傷病兵の受入れに「想定される医療機関の一つとして、災害拠点病院（災害時に対応できる医療機関として都道府県が指定、現在五一六カ所＝当時）を挙げました。

広島の呉市では国立呉病院、中国労災病院が指定され、準災害拠点病院に呉共済病院があげられ、報道によれば、この三病院にはヘリポートの建設が計画されています。二〇〇〇年一月に完成した国立呉病院新病棟の屋上には、ヘリポートが設置され、高気圧酸素治療室が整備されました。この治療室は、潜水艦が沈没した際、救助された兵員の治療用とみられ、同年三月に配備された潜水艦救難艦「ちはや」が備えるヘリ用甲板に対応する施設です。

## 医師など医療従事者も

長崎県では、県から政府に対し、「自衛隊病院等への医師・看護婦等医療技術者の派遣要請（応援）も考えられるのか」と質問しました。これに対し、政府は「…場合によっては、医師等医療従事者の派遣要請の可能性もあり得ると考えられる」と回答しています。

すでに千葉県の陸上自衛隊松戸駐屯地の医務室には、地元の民間病院の医師がローテーションで勤務しています。基地では「医官が不足しているのでやむをえない措置」と説明していますが、周辺事態法に基づく自治体・民間協力の準備作業と考えられています。

問題は、地方議会に当局が相談することなく、「戦争法」成立を受け、ほとんどの場合、「行政側として当然のこととして粛々と進めている」ことです。

## 引き続き監視を

地方分権一括法にかかわり、政府は九九年中に政令、省令を出すとしていましたが、翌年二月までかかったため、自治体の多くは同年三月の議会に条例、規則、準則、会則などを間に合わせることができず、先送りも生まれました。民間に「丸投げ」した自治体もかなりの数になりました。

しかし、国政では、引き続き「有事法制」が問題になっているだけに、地方議会での監視、首長との懇談が求められます。

（二〇〇二年六月『原水協通信』から）

# 著者あとがき

被爆五〇周年に当たる一九九五年一月七日付「朝日新聞」の「天声人語」に、広告代理店が行ったアンケート調査が紹介されていた。

それによると、「戦後の混乱を治めるために、治安維持法が制定された」と答えた人は約四割強、「その戦争の時、日本は連合軍に属していた」と約二割が答え、「戦後幸いにして日本は占領されることがなかった」を正解だとした人が三割を超えたという。

米国の世論調査機関「ギャラップ」の調べでも、アメリカ人の三五%が、世界で最初に原爆が投下された都市がヒロシマであることを知らなかった。

これには、私も少なからずショックを受けた。日本でもアメリカでも「原爆」は風化しつつあると思った。

私は、そうしたことを知るまでは、あまり自身の体験と重ね合わせて戦争や原爆を語ることをしなかった。その理由の一つは、何となく気恥ずかしかったことにある。しかし、日本平和委員会青年研修会で原水爆禁止運動の歴史を語ることになって、それがこれまで私が生きてきた「自分史」と重なっていることに改めて気づいた。

たまたま広島市職員労働組合青年婦人部の動員で、一九五五年夏、第一回原水爆禁止世界大会に参加し、今日まで一度も欠かさず出席することになった。それは、自治体の仕事に携わり、三十八年間、労働組合の専従が生活の中心になったことにもよる。ヒロシマと原水爆禁止、労働運動は切り離しがたく結びついていたから、「自分史」とは関係なく、かかわるのが当たり前という感覚だった。

その過程で、各国の平和運動家・団体との交流、国際会議の機会があり、三〇カ国以上訪れ、先々で歓迎され、あるいは激しい論争も交わしてきた。とくに草の根で活動するさまざまな団体と人々との交流には、いつも力強さを感じとってきた。

今回、刊行するに至っては、日本平和委員会と各地の会員各位、出版を勧めてもらった阿部芳郎氏、出版社「本の泉」の比留川洋氏に感謝する次第である。

二〇〇四年七月

佐藤光雄

# 編者あとがき

遺体から立ち上る燐のことは、脚本家の早坂暁氏もその強烈な印象をエッセーなどでつづり、被爆者を支援する催しで、しばしば語っていることを知った。作家の松谷みよ子さんも、「現代の民話」という文庫本で、その光景に触れている。タイトル「燐が燃えたまちヒロシマ」は、こんなことから、最後の最後にひらめいた。

ところで、佐藤さんと知り合って、ちょうど二年近くなる。きっかけは、日本平和委員会が発行する「平和新聞」の編集アシスタントを頼まれたことだった。これからの平和運動の担い手を育てる目的で開かれた青年研修会で佐藤さんが語った講義内容の連載を私が担当することになった。ところが、渡された録音テープを聞くと、冒頭部分を除いてまったく記録できていないのである。やむなく、再度話してもらうことになった。

何度かに分けてインタビューするうちに、まるで「宝箱」でも開けるかのように、衝撃的なエピソードが次から次へ出てくる。それを限られた紙面で紹介するには限界がある。それに来年、二〇〇五年は、「ヒロシマ」の被爆六〇周年に当たる。核兵器廃絶をめざして六〇年、山あり谷ありの道のりに興味をそそられた。

現役の記者だったころ、スポーツ、囲碁・将棋から司法・警察問題までいろいろタッチしてきたが、平和、労働の分野はまったく経験がない。原水爆禁止運動、労働運動が活動の範囲だった佐藤さんとは、だから「すれ違って」きた。

「類は友を呼ぶ」という諺がある。それが、囲碁だった。エッセーにもあるように、石を取りにくる棋風の佐藤さんと対局して、なかなか勝てない私に唯一、勝機がめぐってくるのが、佐藤さんが私の石を取り損なって逆に取られるときである。出版を提案したとき、佐藤さんは、その謙虚な人柄のゆえか、なかなか「うん」と言ってもらえなかった。それを出版にこぎつけることができたのは、「布石」で上回った私の作戦勝ちだと思っている。

最後に、連載を担当させてもらった平和新聞編集部、出版を快諾していただいた、本の泉社・比留川洋氏に心からの感謝の意を贈りたい。

二〇〇四年七月

阿部芳郎

〈参考文献・資料〉

熊倉啓安著「戦後平和運動史」（大月書店）
社会科学辞典編集委員会「社会科学総合辞典」（新日本出版社）
河合智康著「漁船『第五福竜丸』」（同時代社）
「近代日本総合年表」（岩波書店）
被爆四〇年と原水爆禁止運動「ドキュメント一九四五→一九八五　核兵器のない世界を」（同編集委員会編）
「広島市職労三〇年史」（同編纂委員会発行）
松浦総三著「戦中・占領下のマスコミ」（大月書店）
自治労連大会議案書および機関紙「自治体の仲間」
「阪神・淡路大震災記録集」（西宮市職員労働組合編）

著者略歴　佐藤光雄（さとう　みつお）

1937年生まれ。

日本平和委員会代表理事、日本原水協担当常任理事、原水爆禁止世界大会実行委員会運営委員会代表。広島市職労委員長、日本自治体労働組合総連合（自治労連）副委員長、公務共闘会議議長、安保破棄中央実行委員会事務局長、自治体問題研究所副理事長などを経任。

編者略歴　阿部芳郎（あべ　よしろう）

1940年生まれ。

司法ジャーナリスト（フリー）。赤旗編集局関西総局、日曜版編集部、スポーツ部、社会部などでデスク、記者を歴任。この間、社会部では、主に司法制度改革、警察問題を担当。

燐《りん》が燃《も》えたまちヒロシマ
——被爆《ひばく》60周年《しゅうねん》によせて——

2004年8月6日　第1刷発行

著　者　佐《さ》藤《とう》光《みつ》雄《お》
編　者　阿《あ》部《べ》芳《よし》郎《ろう》
発行者　比留川　洋
発行所　株式会社　本の泉社
〒113-0033　東京都文京区本郷2-25-6
TEL.03-5800-8494　FAX.03-5800-5353
http://www.honnoizumi.co.jp
印　刷　昭和情報プロセス株式会社
製　本　株式会社　難波製本


ISBN4-88023-8??-?　C00??